JN209306

イラストでわかる 子どもの吃音 サポートガイド

1人ひとりのニーズに対応する環境整備と合理的配慮

小林宏明（金沢大学人間社会研究域学校教育系教授）【著】

合同出版

はじめに

　吃音は、出現率が幼児期は 5％以上、学齢児以降でも 1％程度と比較的高いことが知られています。また、学校教育では、言語障害のひとつとしてことばの教室の指導対象に位置づけられている他、通常学級でもニーズに応じた配慮や支援が受けられます。さらに、発達障害者支援法が定める発達障害のひとつとして、教育、医療、福祉にまたがるさまざまな支援の対象にもなっています。

　筆者は、幼少より吃音があり、授業の発表でうまく話せず恥ずかしい思いをしたり、日直当番で号令ができるか不安だったり、吃音をからかわれ嫌な思いをしたりしました。それでも、学校生活を送れたのは、家族や学校の先生、クラスの友だちなどが、どもってうまく話せない私を温かく見守ってくれたり、時に助けてくれたりしたからです。しかし、私が幼少期を過ごした地域には、ことばの教室や吃音のある子どものつどいがなく、吃音の相談をしたり、吃音の勉強や話し方の練習などを受けたりできませんでした。そのため、私は、長い間、吃音があるのは自分 1 人だけと思っていました。そして、自身を変で劣った存在と捉え、話すことの不安に 1 人で怯え悩んでいました。

　過去のことを考えても仕方がありませんが、子どもの頃に、学校で吃音への配慮や支援をもっと受けられていたら、ことばの教室に通えていたら、吃音のある子どものつどいに参加できていたら、あんなに吃音で悩むことはなく、もっと自身を肯定的に捉えられたかもしれないと思います。そして、学級担任やことばの教室、言語聴覚士の先生などから手厚い配慮や支援を受けている今の子どもたちをうらやましく思います。

　本書は、主な読者として吃音のある子どもが学校生活でもっとも多く接する学級担任の先生を想定し、吃音とは何か、吃音のある子どもの思いや困難とはどのようなものかを紹介するとともに、学校における吃音のある子どもへの配慮や支援を提案しました。執筆にあたっては、これまで出会った吃音のある子どもたちを思い浮かべながら、できるだけ具体的に記載するよう努めました。また、吃音のある子どもの指導の場であることばの教室や医療機関での支援の概略も紹介しました。

　本書は、吃音のある子どもの保護者や、医療・教育・福祉などの領域で吃音のある子どもの支援に携わっている専門家にも役に立つと思います。

　子どもの吃音の状態や配慮・支援のニーズは 1 人ひとり異なります。それぞれの子どもの思いやニーズを踏まえた配慮や支援となるよう、子ども本人や保護者と十分相談しながら進めていただきたいと思います。本書が、学校における吃音のある子どもへの配慮や支援を考えるきっかけとなれば、筆者にとって望外の喜びです。

金沢大学人間社会研究域学校教育系教授　　小林宏明

第1章

クラスにこんな子いませんか？

吃音の症状と基礎知識

1 吃音に気づいていない
はるとさん

　小学校1年生のはるとさんは、元気で明るい男の子です。授業でよく手をあげ、指名すると大きな声で発表します。また、友だちが多く、休み時間は目をキラキラさせながら、大好きなおにごっこをしたり、楽しそうにおしゃべりしたりしています。

　はるとさんには、「おおおはようございます、せんせい」など、どもる話し方が見られます。どもる話し方には波があり、調子が良い時はあまり目立たないのですが、調子が悪いと「ぼぼぼぼぼぼぼぼく」、「せせせーーーーんせい」、「おっ、おっ、おっ……はっようございます」など、初めの音を何度もくり返したり、顔を歪め苦しそうに力みながら言葉を絞り出したりする時もあります。しかし、どもる話し方を気にしていないようで、どもっても話すことをやめようとはせず、最後まで話したいことを話しています。

先生の思い

- はるとさんは、まだ、自分の吃音に気づいていないように見えるけど、どうなのかな？
- 下手に意識させると良くないと思い、吃音の指摘や話し方の指導はしていないけど、いいのかな？
- 保護者は、はるとさんの吃音をどう思っているのかな？　保護者に話した方がいいのかな？

子どもの思い

- 学校、とても楽しい！　授業も面白いし、友だちと遊ぶのも大好き！
- 話していると、「ぼ、ぼ、ぼ、……」ってなる時がある。体にギュッと力が入って思い通りに話せなくてイライラしたり、言葉が出なくて焦ったりもする。

保護者の思い

- 3歳の頃から吃音があった。そのうち治ると思い様子を見ていたが、なかなか良くならない。
- まだ、本人が気づいていないようなので、様子を見ているけどいいのかな？

かいせつ

　吃音のある子どもが、自分の吃音を意識し始める年齢には、個人差があります。幼稚園や保育園、こども園の年中の時点ですでに気づいている子どももいれば、はるとさんのように小学校に入学してもあまり気にする様子がなく、吃音になっても平気で話す子どももいます。

　しかし、多くの子どもは、授業中の発表や音読、日直当番などの学級活動での発話がうまくできないなどの経験を通して、徐々に吃音を意識するようになります。そして、はるとさんのように、吃音に気づいていないように見えても、すでに自身の吃音に気づき、気にしている子どももいます。

吃音の基礎知識

Q1 吃音とは「どもり」のことですか？

A　はい。吃音とは「どもり」のことです。ただし「どもり」は、差別的な意味合いが強い言葉と捉えられているため、現在はあまり使われません。

　一方、吃音の話し方（吃音の言語症状）を表す動詞の「どもる」は、差別的な意味合いがそれほど強くないこともあり、現在でも使われています。

Q2 吃音とは、「は、は、はい」などと音をくり返す状態のことですか？

A　そうです。「吃音」、「どもり」というと、往年のテレビドラマ「裸の大将」で芦屋雁之助さんが演じる主人公、山下清が、「ぼ、ぼく」などと音をくり返して話す姿を思いうかべる方がいるかもしれません。この音をくり返す話し方（語音のくり返し、連発）は、吃音の言語症状のひとつです。ただし、吃音の言語症状には、語音のくり返し（連発）の他に、「はーーい」と音を伸ばしたり（伸発）、「……はい」と音がつまって出てこなったりする状態（難発）もあります。吃音の言語症状については、Q7、8（➡ 20、21 ページ）にくわしく解説しています。

Q3 吃音のある人は何人位いるのですか？　子どもはどの位いますか？

A　吃音のある人は 100 人に 1 人程度の割合で存在し、日本では約 120 万人、世界では約 7000 万人程度いると考えられています。

　吃音のある子どもの出現率は、言語や文化の違いに関わらず、幼児期で 5 〜 8％、学齢期以降で 1％程度と言われています（小林ら ,2013; 酒井ら ,2018）。幼児期では 13 〜 20 人に 1 人、学齢期以降では 100 人に 1 人程度となります。

　吃音が初めて出現する「発吃」は、2 〜 4 歳位であることが多いようです。ただし、発吃の時期には個人差があり、発吃が学齢期以降という子どももいます。

幼児期に発吃した子どもの8割程度は、小学校低学年頃までに吃音が自然に消失することが知られています。これを「自然治癒」と言います。これまでの研究で、女児や言語・構音発達が早い子どもは自然治癒しやすいことが指摘されています（図❶参照）。

吃音のある子どもの男女比は、幼児期で1～2：1、学齢期以降で3～5：1と年齢を経るごとに男児の方が多くなります。

図❶　吃音の出現率と自然治癒

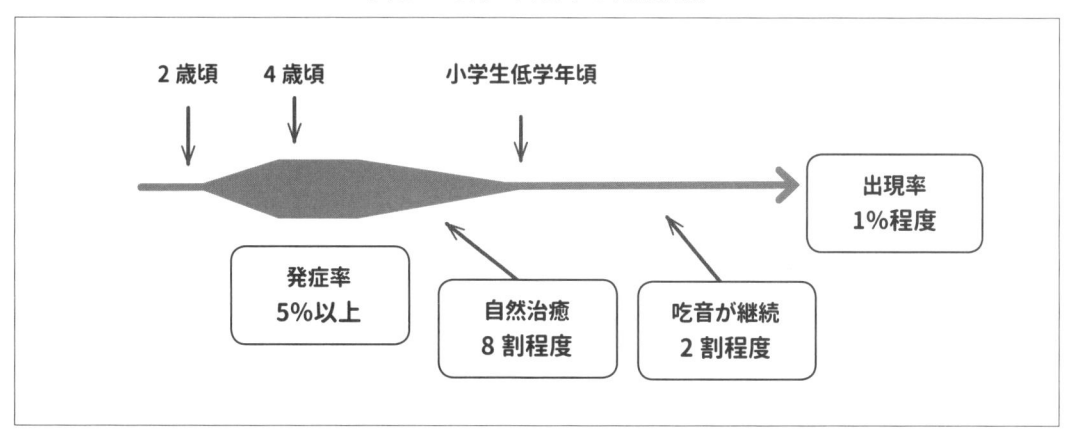

Q4　吃音の原因は何ですか？

　これまで、さまざまな研究者により、吃音の原因論究明の研究が行なわれています（熊倉ら,2015）。

　もっとも古い科学的な吃音原因論として知られるのが、アメリカのサミュエル・オートンとリー・エドワード・トラビスが、1931年に発表した「大脳半球優位説」です。この説では、左利きや両手利きのため言語中枢のある大脳左半球の優位性が確立しないことで吃音が発症するとされました。しかし、実際に吃音のある人の利き手を調べると、左利きや両手利きの人が多くないことがわかり、この説は否定されました。

　また、同じくアメリカのウェンデル・ジョンソンは、1959年に「診断起因説」を発表しました。小さな子どもであればだれしも発する言語発達の未成熟さからくる非流暢な発話を、周囲の人が「吃音」と捉え、叱責や矯正などのプレッシャーを加えることが吃音の原因であるとしました。しかし、実際に吃音のある子どもの発話を調べると、吃音のない子どもにはあまり見られない語音のくり返しや引き伸ばしなどの非流暢性発話が多く見られました。また、吃音のある子どもの保護者の育児態度が必ずしも吃音のない子どもの保護者と違うわけではないこともわかり、この説は否定されました。

　さらに、吃音のある子どもと吃音のない子どもの知的能力、運動能力、言語能力、気質

や性格などの比較研究も数多く行なわれています。しかし、吃音のある子どもの能力が劣っている、パーソナリティに問題があるという証拠は見い出せておらず、これらの問題が吃音の原因であるという説も否定されています。

　これまで多くの研究者により、吃音の原因論の研究が精力的に行なわれてきたにも関わらず、吃音の原因は現時点ではよくわかっていません。しかし、1990年以降、遺伝研究、脳の機能的画像研究などの急速な進歩により、吃音の原因に迫る興味深い仮説が提唱されています。これらの多くは、「吃音は生まれ持った体質的要因と環境要因が複数関わって生じる」と仮定しています。

　例えば、アメリカの吃音研究者、バリー・ギターは、「吃音の統合モデル」という仮説を発表しています（Guitar,2014）。この仮説では、吃音の出現と悪化に、非効率な発話制御機能（例えば、言葉理解能力が高く話したいことはたくさん思い浮かぶが、それに見合う言葉表出能力がないためスムーズに言葉が出ず、語音のくり返しや引き伸ばしが生じる）、心理学的な学習（どもることをくり返し叱責されたりからかわれたりすることで、その不安や緊張がよみがえり、力の入ったつまりが生じる）の2つの要因が関与していると考えます（図❷参照）。

図❷　吃音の統合モデル

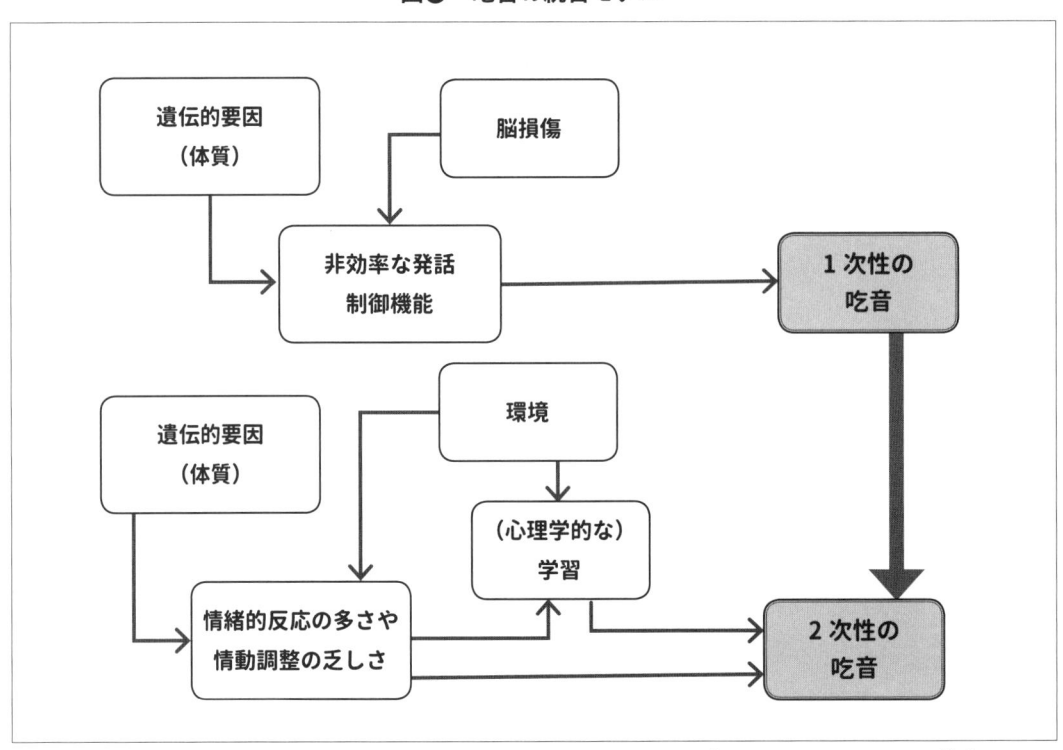

出典：Guitar,2014,p102,訳は筆者による。

サポートのポイント

●子どもが自身の吃音を気にしたり、困難を感じたりしていないか、注意して様子を見ましょう。

●「吃音のある子どもが安心する先生の姿勢」を意識して関わりましょう（➡ 42 ページ）。

●保護者会などの際に、保護者に学校での吃音の様子を伝えたり、家庭での吃音の様子やこれまでの吃音の経過、子どもの吃音への思いや願いを尋ねたりしましょう（➡ 40 ページ）。

●必要に応じて、子ども自身に吃音への思いや困難を尋ねましょう（➡ 40 ページ）。

2 友だちに吃音のことを 聞かれたしょうさん

> どうして、しょう、『ぼ、ぼ、ぼ』ってしゃべるの？

　小学校2年生のしょうさんは、元気で活発な男の子です。授業では積極的に手をあげて発表し、昼休みにはみんなの先頭に立って校庭でサッカーをしています。

　しょうさんには「おおはよう」「せせんせい」など、軽くどもる話し方が出ることがありましたが、大きな声で発表したり、友だちとたくさんおしゃべりしたりしていたので、あまり気にしていませんでした。ところが、ある日を境に、授業中に挙手をしなくなり、昼休みも教室で1人ポツンと過ごすようになりました。

　心配になった担任の先生は、連絡帳でしょうさんの様子を保護者に伝えました。すると、母親から電話があり、「いつも一緒に遊んでいるけんたさんとのぼるさんから『どうして、しょう、『ぼ、ぼ、ぼ』ってしゃべるの？』って言われたと泣きながら話をされたんです、どうすればいいでしょう」と、相談されました。

子どもの思い

● けんたとのぼるに、「どうして『ぼ、ぼ、ぼ』ってしゃべるの？」って言われてショックだった。ぼく、そんな話し方してないよ。なんで、そんなひどいことを言うの？

● 授業で発表するの得意だったけど、何かまた言われるのが恐くて、手をあげられない。休み時間も、みんなと一緒に遊ぶ気持ちになれない。

● けんたとのぼるから言われたことをお母さんに話したら、スッキリした。

保護者の思い

● 友だちに吃音のことを言われないか、ずっと心配だったけど、ついに起きてしまった。しょうとは、これからどう接していこう。

● しょうが泣きながら話すのを聞いて、私も一緒に泣きたくなった。

● けんたさんとのぼるさんには、ずっとしょうと仲良くして欲しいけど、何かした方がいいかしら。それともしない方がいいのかな。

先生の思い

● しょうさんの様子が変わったのは、友だちに吃音のことを言われたからなのね。これからしょうさんに、どのように接したらいいかしら？

● けんたさんとのぼるさんは、からかったわけではなく、しょうさんの吃音が不思議だっただけなのよね。2人には、どのように対処すればいいかしら？

● 今後も、しょうさんの吃音を指摘したりからかったりする子どもがいるかもしれない。その時は、どう対応すればいいかしら？

かいせつ

　年長から小学校低学年位の吃音のある子どもがしばしば体験することのひとつに、他の子どもからの吃音の指摘やからかいがあります。中には、気にせず聞き流す子どももいます。しかし、しょうさんのように、友だちからの指摘に強く反応し、発話することを躊躇したり、保護者に泣いて訴えたりするなどの反応をする子どももいます。

　一方、吃音を指摘する子どもの多くは、単に自分と違う話し方への純粋な疑問から指摘しているに過ぎません。また、吃音のことをからかう子どもも、たまたま耳に入った吃音の話し方を悪気なくからかっただけ、ということが多いようです。

吃音の診断と治療・指導

Q5　吃音の診断基準はありますか？

吃音は、国際的に広く用いられている「国際疾病分類（ICD）」や「精神疾患の診断・統計マニュアル（DSM）」などで診断基準が定められています。

世界保健機関（WHO）が作成した「ICD-10」（2005年）では、吃音（吃音症）の診断基準を以下のように定めています。

「単音、音節、単語を頻繁にくり返したり、長くのばすことによって特徴づけられる話し方、あるいは話のリズムをさえぎる、頻繁な口ごもりや休止によって特徴づけられる話し方。（中略）話の流暢さを著しく阻害する程度の場合にのみ、障害として分類すべきである。話の流れにおける反復と延長、あるいは休止と同時に顔面および／または他の身体部分の運動を伴うことがある。（後略）」（＊1）

また、アメリカ精神医学会が作成した「DSM-5」（2014年）では、吃音（小児期発症流暢症、小児期発症流暢性障害）の診断基準を以下のように定めています。

❶会話の正常な流暢性と時間的構成における困難、その人の年齢や言語機能に不相応で、長期間にわたって続き、以下のひとつ（またはそれ以上）のことがしばしば明らかに起こることにより特徴づけられる。

(1)音声と音節のくり返し

(2)子音と母音の音声の延長

(3)単語が途切れること（例：ひとつの単語の中での休止）

(4)聞き取れる、または無言状態での停止（発声を伴ったまたは伴わない発話の休止）

(5)遠回しの言い方（問題の言葉を避けて他の単語を使う）

(6)過剰な身体的緊張とともに発せられる言葉

(7)単音節の単語の反復（例：「I-I-I-I see him」）

❷その障害は、話すことの不安、または効果的なコミュニケーション、社会参加、学業的または職業遂行能力の制限のどれかひとつ、またはその複数の組み合わせを引き起こす。（後略）（＊2）

Q6 日本ではどんな治療や指導がされてきましたか？ 現在はどんな治療や指導がされていますか？

 日本での吃音の治療は、東京師範学校校長、東京音楽学校校長、東京盲唖学校校長、貴族院議員などを務めた伊沢修二（1851 ～ 1917）が「楽石社」という吃音矯正施設を開設してから始まります。

　　　楽石社は、内務大臣からの助成を受け、昭和初期までの期間に 2 万人以上の吃音のある人に吃音矯正を行なっています。

　楽石社の吃音指導は、伊沢がアメリカ留学中に電話の発明者でろう教育にも尽力したグラハム・ベルから学んだ視話法に基づく正しい呼吸と発声の訓練に精神強化訓練を組み合わせたものでした（上沼ら ,1988）。

　現在では、家庭や学校など子どもを取り囲む環境を整備する「環境調整法」や、「流暢性形成法」、「吃音緩和法」、「統合法」などのスピーチセラピー（➡ 106 ページ）、「認知行動療法的アプローチ」などの心理面への対応（➡ 110 ページ）、「吃音のある子ども同士によるつどい」や「グループ活動」（➡ 118 ページ）などさまざまな治療・指導が行なわれています（小林ら ,2013）。

（＊1）「ICD-10 精神および行動の障害 臨床記述と診断ガイドライン 新訂版」融道男・中根允文・小見山実・岡崎祐士・大久保善朗（監訳）、医学書院、297 ページ（2005）
（＊2）「DSM-5 精神疾患の分類と診断の手引」American Psychiatric Association（著）、日本精神神経学会（日本語版用語監修）,髙橋三郎・大野裕（監訳）、医学書院、24 ページ（2014）

サポートのポイント

●吃音のある子どもと話す機会を設け、吃音は悪いことやダメなことではないこと、吃音へのからかいは許されることではないこと、先生は吃音へのからかいに対して断固たる対応をすることを伝えましょう（➡ 80 ページ）。
●必要に応じて、子どもや保護者と十分相談した上で、クラス全体に対し、吃音や吃音のある子どもとの接し方について説明しましょう（➡ 80 ページ）。
●子どもが新たに吃音の指摘やからかいを受けていないか、注意して様子を見ましょう。
●保護者と定期的に連絡を取り、吃音の指摘やからかいについて情報を共有しましょう。
●必要に応じて、子どもに吃音の指摘やからかいがないか定期的に尋ねましょう。

3 吃音のある自分を 変だと思っているれんさん

　小学校3年生のれんさんは、おとなしい真面目な男の子です。少し消極的ですが、授業で挙手して発表もしますし、親しい友だちも何人かいるようです。

　れんさんは、授業で発表したり、日直当番の仕事の朝の会の司会や授業の号令をしたりする時に、噛んだりつまったりして言葉が出てこない時があります。担任の先生は、緊張しているからと思い、リラックスさせようと「ゆっくり、落ち着いて」、「深呼吸してから言ってごらん」などと声かけをするのですが、あまり効果はありませんでした。

　れんさんの話し方が気になった担任の先生は、母親に相談しました。そうすると、母親から、れんさんは3歳位から吃音があり、以前は「ぼ、ぼ、ぼく」のようなくり返す吃音が多かったのが、最近は「……ぼく」のようなつまる吃音が多いという話がありました。

子どもの思い

- 言葉を話そうとすると、口やのどにギュッと力が入って動かなくなる時がある。そうなると、自分ではどうにもできない。先生が言ってくれたみたいに、「ゆっくり、落ち着いて、深呼吸して」も、言葉は出てこないんだ。
- 授業の発表や日直当番の仕事で、言葉が噛んだりつまったりして言えない時がある。その時は、言いたいことが話せないもどかしさや、焦り、恥ずかしさなどで頭の中がぐちゃぐちゃになる。
- 友だちや先生は、ぼくのこと、ヘンな奴、ダメな奴って思っているんだろうな……。

保護者の思い

- くり返す吃音がなくなったと思ったら、つまる吃音が出てきた。これって、良くなっているのかな、それとも悪くなっているのかな。
- つまる吃音で話す時に、顔をギュッとしかめたり、手や足を振った勢いで何とか言葉を出そうとしたりすることがある。また、学校でうまく話せなかった時に、家に帰ってから落ち込んだり、荒れたりすることがある。そのような時は、こちらもしんどい気持ちになる。
- 授業や日直当番の仕事をちゃんとやれているか、他の子に吃音の指摘やからかいをされていないかとても心配。

かいせつ

　吃音というと、「ぼ、ぼ、ぼく」のように語音をくり返す話し方が思い浮かぶのではないかと思います。しかし、吃音には、「……ぼく」のように語音がつまる話し方もあります。このつまる話し方は、くり返す話し方のように目立たないため、吃音とは認識されず、言葉を噛んでいる、緊張しているなどと誤解されることが多いようです。

　吃音のある子どもの多くは、くり返す吃音よりもつまる吃音により強い困難を感じています。そして、れんさんのように、つまる吃音に対するもどかしさや焦り、恥ずかしさが高まり、落ち込む、荒れるなど情緒が不安定になったり、吃音のある自身のことをヘン、ダメと否定的に捉えたりする子どももいます。

吃音の言語症状

Q7 吃音の言語症状にはどのようなものがありますか?

吃音の言語症状には、大きく「語音のくり返し」、「語音の引き伸ばし」、「語音のつまり」の3つがあります。

❶語音のくり返し（連発）

「ぼ、ぼ、ぼ、ぼく」のように、語音をくり返します。多くは、「ぼ、ぼ、ぼく、きのう、学校に行った」など語や文の言い始めに見られますが、「ぼく、きのう、う、う、学校に行った」など語や文の途中や語尾をくり返す子どももいます。また、「ぼ、ぼ、ぼ、ぼ、ぼく」のように語音をとても多くくり返したり、「ぼっ…、ぼっ…、ぼっ…く」のように力みながらくり返したりする子どももいます。

❷語音の引き伸ばし（伸発）

「ぼーーく」のように、語音を不自然に引き伸ばします。「ぼーーーーーく」のように語音をとても長く引き伸ばしたり、「ぼぁーぅ…ーく」のにように力みながら引き伸ばしたりする子どももいます。

❸語音のつまり（難発）

「……ぼく」のように、語音がつまって出なくなります。「………………ぼく」と語音がとても長くつまってなかなか出てこなかったり、最後まで語音が出ず言うのをやめてしまったり、のどや口にギュッと力を入れ何とか声を絞り出そうとしたりする子どももいます。

一般的に、吃音は、力の入らない軽いくり返しや引き伸ばしから始まり、力の入った苦しいつまりへと悪化していきます。また、吃音の悪化に伴い、ほほやまぶたがピクピクと動く、手足で拍子をつけながら話すなど、体の一部が動く随伴運動が生じることもあります。

なお、次にあげるものは、吃音がない人にも多く生じる発話の非流暢性となります。通常、これらがあるだけでは、吃音とは捉えません。

- **語や句全体のくり返し**

　「ぼく、ぼくは……」、「ぼくは、ぼくは……」など
- **語の挿入**

　「ぼく、えっと、きのう……」、「ぼく、あのー、きのう……」など
- **語の修正**

　「ぼくと、ぼくは……」、「ぼくは、きのう、じゃなくてきょう……」

Q8　吃音の言語症状はいつも一定ですか？

　いいえ。多くの吃音のある子どもには、吃音の言語症状の多い時期と少ない時期を交互にくり返す「吃音の言語症状の波」が見られたり、場面によって言語症状の出現状況が変わり、同じ言葉でも吃音が出たり出なかったりします。

　吃音の特徴のひとつに、言語症状の多い時期と少ない時期を交互にくり返す「吃音の言語症状の波」があります。言語症状の波のパターンは、子ども1人ひとりさまざまですが、4月の進級や9月、1月の学期の始まりに言語症状が多くなり、その後徐々に収まっていくというパターンの子どもが多いようです。

　また、場面によって言語症状の出現状況が変わることも吃音の特徴のひとつです。どの場面で吃音が出るか出ないかは、子ども1人ひとりさまざまですが、「家ではどもらずに教科書が読めるのに、授業の発表では読めない」、「担任の先生と話す時はどもらないけど、校長先生と話す時はどもってしまう」など、不安や緊張の高い場面で吃音が多く出る子どもが多いようです。

　一方、「授業の発表や日直当番などのあらたまった場面ではあまり吃音が出ないが、家族や友だちとリラックスして話す場面では早口になったり興奮してたくさん話したりするため吃音が多くなる」という子どももいます。

サポートのポイント

- ●吃音の言語症状への理解を深めましょう（➡ 20 ページ）。
- ●子どもに吃音への思いや困難を尋ねましょう（➡ 40 ページ）。
- ●「吃音のある子どもが安心する先生の姿勢」を意識して関わりましょう（➡ 42 ページ）。
- ●子どもの困難に寄り添った配慮や支援の実施を積極的に検討しましょう。
- ●必要に応じて、ことばの教室や専門家を紹介をしましょう（➡ 94 ページ）。

4 予期不安から言葉を言い換えて話すゆうなさん

　小学校 4 年生のゆうなさんは、落ち着いた物静かな女の子です。勉強ができ、また、ピアノが得意で合唱コンクールの伴奏を毎年担当していることもあり、みんなから一目おかれています。

　ゆうなさんには、吃音があり、とくに母音から始まる言葉が言いにくいようです。そのため、普段話す時は、「ありがとう」を「サンキュー」、「明日」を「次の日」などと同じ意味の言葉に言い換える工夫をしています。しかし、先生に「サンキュー」と言ってしまったり、「次の日」と言って理解してもらえず「えっ？」と聞き返されることがあったりと、いつもうまくいくわけではありません。

　また、ゆうなさんは、他の言葉への言い換えができない「おはようございます」、「今から〇の勉強を始めます」などの言葉や、国語の教科書の音読が苦手です。そのため、日直当番をする何日も前からこれらの言葉が言えるか心配しているようです。また、国語の音読の時も不安そうな表情をしています。

先生の思い

- どうして母音から始まる言葉が言えないのかな。落ち着いて、ゆっくり言えば言えるんじゃないかな。
- 「サンキュー」や「次の日」は日本語として不自然だな。ちゃんとした日本語を使って欲しいな。
- 日直当番や音読は、書いてある通りに言うだけなんだけど、何がそんなに不安なのかな？

子どもの思い

- 言いにくい言葉を、うまく他の言葉に言い換えられた時は、正直ほっとする。ただ、毎回うまくいくわけではないので、いつもビクビクしている。
- 言葉を言い換えることで、気持ちや思いをきちんと伝えられずくやしい。
- 日直当番をする何日も前から、当番の言葉がちゃんと言えるか心配になったり、気持ちが落ち込んだりする。当日は、お腹が痛くなることもある。
- 音読の時、どこがあたるかが気になり、他の人の音読が耳に入らない。

保護者の思い

- 言葉を言い換えることで、変な子、不躾な子と思われないか心配。
- 家でくり返し、当番の言葉や音読の練習をしているのを見ると、学校で辛い思いをしているのだろうなと切なくなる。
- 日直当番の日の朝、学校に行くのを強固に嫌がったり、腹痛を訴えたりする時はどうすればいいの？

かいせつ

　吃音でうまく話せない失敗をくり返し体験すると、失敗した言葉や場面に対する「予期不安」が生じるようになります。多くの子どもは、予期不安から逃げるために、吃音の出そうな言葉を吃音の出にくい他の言葉に言い換えるようになります。吃音への不安を軽減する「対処法」のひとつです。しかし、同時に、言い換えることで、本当の気持ちが伝わらないもどかしさや欲求不満、罪障感といった新たな困難が生じる場合があります。さらに、学校生活には、日直当番や音読など、言い換えができない活動が多くあります。これらに強い不安を感じ、腹痛などの身体症状が生じたり、授業に集中できなくなったりする子どももいます。

吃音の心理症状と対応

Q9 吃音の心理症状にはどのようなものがありますか?

吃音への気づきをきっかけに、さまざまな心理症状が出現します。

発吃から間もない子どもは、自身の吃音の言語症状に気づいていません。しかし、言語症状のために思うように話せない不全感や焦り、いらだちなどを感じる子どもはいるかもしれません。ただし、その大半は、吃音の言語症状の波（幼児の吃音の特徴で、吃音の言語症状の重い時期と軽い時期が交互にくり返されること）で一過的に言語症状が重度化したのに伴い生じるもので、吃音の言語症状が軽快すると解消されます。

吃音のある子どもの多くは、年長から小学校2年生頃に自身の言語症状に気づきます。子どもが吃音に気づくきっかけは、1のはるとさんのように子ども本人が自身の言語症状に気づく場合や、2のしょうさんのように周りからの指摘で気づく場合などさまざまです。自身の吃音に気づいた子どもの中には、1のはるとさんのように、あまり気にしない子どももいます。しかし、2のしょうさんのように、自身の吃音を変と思う子どもも多く、その場合、以下のような心理症状が出現します。

● 予期不安

過去にどもった言葉を話す際に「また、どもるのではないか」という不安が生じること。吃音のある人の多くは、母音が出ない、授業の発表で話せないなど特定の音や場面への不安があります。

● 自信や自尊感情の低下

言語症状のために思うように話せなかったり、苦手な言葉や場面を避けたりしている自身のことを、みっともない、ダメな奴などと批判することで、自信や自尊感情が低下します。

Q10 言語症状が軽い子どもは、心理症状も軽いのでしょうか？

　「言語症状の軽い子どもは心理症状も軽い」、「言語症状の重い子どもは心理症状も重い」というように言語症状と心理症状の重症度にはある程度相関があります。しかし、吃音のある子どもの中には、「言語症状は重いが、心理症状は軽い」、「言語症状は軽いが、心理症状は重い」という子どももいます。

　そして「言語症状は軽いが、心理症状は重い」子どもは、吃音の困難や悩みを周囲の人に気づいてもらえなかったり、「大したことない」、「気にしすぎ」などと過小評価されたりしがちです。そのため、「言語症状が軽くても、心理症状も軽いとは限らない」と考え、言語症状だけで子どもの吃音の問題や困難を判断しないようにする必要があります。

Q11 子どもが吃音を隠すために言い換えなどをしていたら、どう対応すればよいですか？

　身体論という立場から吃音に対する論考を行った東京工業大学リベラルアーツ研究教育院の伊藤亜紗氏は、言い換えが「対処法」として機能する吃音のある人もいれば、「症状」でありやめたいと感じている人もいると述べています（伊藤,2018）。そして、言い換えを「症状」と感じている人の中には、言い換えをすることで吃音への不安や劣等感がさらに憎悪したり、言い換えだけですまず発話やコミュニケーション全体の回避に進展する人もいると考えられます。

　もし、子どもが言い換えを単なる「対処法」として用い、そのことで不安や劣等感の憎悪や発話場面などの回避が起こらないのであれば、そのまま様子を見ていくのでもよいかもしれません。

　しかし、子どもが言い換えを「症状」でありやめたいと感じている、話したいことと違うことを話したり（「チーズバーガー」を注文したいのに「ハンバーガー」と言うなど）言い換えを多用しすぎて何を言いたいのか子ども自身がわからなくなっていたりしている、言い換えへの劣等感や不安（うまく言い換えられるか）が強い場合などは、子どものしんどさを理解するとともに、多少吃音が出ても話したいことを話すことが大切だと伝えたり、言い換えずに話せた時にその勇気を称えたりする必要があります。また、子どもが吃音で話しても、指摘したりからかったりせずに、子どもの発話に耳を傾ける環境を作る必要もあります。

Q12 吃音の子どもは、学校でどんな支援が受けられますか？

吃音は特別支援教育の対象となる「言語障害」の「話し方のリズムの障害」のひとつに位置づけられています。そのため、保護者などの希望があり必要性が認められれば、言語障害特別支援学級や言語障害通級指導教室（通称「ことばの教室」）で指導を受けることができます（➡ 94 ページ）。

学級担任の先生が吃音のある子どもの抱える困難をきちんと理解した上で、子どもが安心できるような関わりをしたり、子ども 1 人ひとりの状態に合わせた授業や学級活動での配慮や支援を行なったりすることで、子どもの吃音への不安・緊張の軽減や発話に対する自己効力感の向上を図ることができます。

子どもの吃音の言語症状や心理症状が大きかったり、吃音の困難が強かったりする場合は、在籍学級での対応に加え、ことばの教室や言語聴覚士の先生が子ども 1 人ひとりの吃音の状態や困難に合わせた、自分の吃音を知る学習、スピーチセラピー、子どもの心理症状への対応などを行ないます（➡ 94 ページ）。

また、吃音は、世界保健機関（WHO）の定めた国際疾病分類の「通常小児期及び青年期に発症する行動及び情緒の障害」のひとつに位置づけられており、発達障害者支援法の対象となります。

Q13 吃音の専門家について教えてください

吃音の治療や支援を行なう専門家には、ことばの教室担当教員、言語聴覚士、医師、公認心理師や臨床心理士などの心理専門職などがあります（➡ 94 ページ）。

ことばの教室（言語障害通級指導教室）担当教員は、小中高等学校の教員で、言語障害教育に関する研修などを受けた者が担当します。2017 年現在、全国でことばの教室担当教員は 3,219 名います（複数障害対応している者を含む）（＊1）。

言語聴覚士は、発声発語障害（吃音、構音障害、音声障害など）、言語障害（失語症、言葉言の発達の遅れなど）、聴覚障害、嚥下障害などの評価や訓練、助言などを行う国家資格の専門職で、その多くは病院などの医療機関に勤務しています。2018 年現在の言語聴覚士有資格者数の累計は 31,233 人です（＊2）。

耳鼻咽喉科や小児科、リハビリテーション科などの医師は、吃音の診断や治療を行います。病院などの医療機関で言語聴覚士による言語療法を受けるには、医師の診察が必要です。

臨床心理士は、公益財団法人日本臨床心理士資格認定協会が定める資格で、2019 年現

在 35,912 人います。スクールカウンセラーの多くは臨床心理士資格保有者であるなど、教育・医療現場の心理専門職の中心的存在となっています（＊3）。また、公認心理師は 2017 年に新しくできた心理専門職の国家資格（＊4）で、今後わが国の心理専門職の中核を担うことが期待されています。

（＊1）文部科学省ホームページ　[http://www.mext.go.jp]
（＊2）一般社団法人日本言語聴覚士協会ホームページ　[https://www.japanslht.or.jp/]
（＊3）公益財団法人日本臨床心理士資格認定協会ホームページ　[http://fjcbcp.or.jp/]
（＊4）一般財団法人日本心理研修センターホームページ　[http://shinri-kenshu.jp/]

サポートのポイント

●子どもに吃音への思いや困難を尋ねましょう。とくに予期不安を感じる音や言葉についてくわしく尋ねましょう（➡ 40 ページ）。

●「吃音のある子どもが安心する先生の姿勢」を意識して関わりましょう。とくに、授業や学級活動における配慮や支援の実施を積極的に検討しましょう（➡ 42 ページ）。

●ことばの教室や専門家を紹介をしましょう（➡ 94 ページ）。

5 吃音の失敗体験が重なり 話さなくなったあさひさん

　小学校5年生のあさひさんは、おとなしい、物静かな男の子です。授業態度は真面目で、学習内容も理解しています。また、昆虫が大好きで、夏休みの自由研究で行なったカマキリの研究は、学校代表として市の自由研究コンテストに出展されました。

　4年生の担任の先生からの引き継ぎで、あさひさんには、吃音があると聞いていました。しかし、5年生になってからは、あまり吃音の話し方は見られません。ただ、手をあまりあげなかったり、指名しても「わかりません」と答えることが多かったりするようです。また、友だちがいないわけではないのですが、休み時間、1人で本を読んだり、図書室で過ごしたりしていることも気になります。

先生の思い

- あさひさんには、吃音があると聞いていたが、吃音の話し方はあまり見られないな。改善して良くなったのかな。
- 授業にもう少し積極的に参加できるといいんだけどな。でも、内容は理解しているようだし、これでもいいのかな。
- もっと、友だちと遊べばいいのに。でも、休み時間だし、本を読むのが好きなら、本人の気持ちを尊重すればいいのかな。

子どもの思い

- 授業中に、言葉がつまって言えなくなる予感がする時がある。そういう時は、手をあげなかったり、「わかりません」って言ったりする。答えがわかっているのに答えられないのは、とてもくやしい。先生やクラスの人に、「わからないんだ」「できないんだ」と思われないかも心配。
- 本を読むのは好きだけど、本当は、友だちと遊んだり、おしゃべりしたりしたい。

保護者の思い

- 家ではおしゃべりだけど、学校では、あまり話していないみたい。
- 友だちがちゃんといるのか、学校で孤立してないかとても心配。

かいせつ

　吃音の失敗体験が重なり、失敗した言葉や場面に対する「予期不安」が高まると、多くの子どもは、これらの言葉や場面を避けるようになります。この時、子どもは、一時的に安堵感を得られますが、話さなくてはいけない言葉や場面を避けたことへの罪障感や、答えがわかっていないなどと周囲に誤解されることへの不安、次回も同じように避けられるかという懸念などの新たな心理的負担も生じます。

　また、これらを避けることで、友だちと友情関係を築いたり、コミュニケーションの経験を積んだりするなどの機会を逸することにもなります。

吃音の子どもの発達と予後

Q14 吃音のある子どもによく見られる発達や情緒の問題はなんですか？

よく見られる発達や情緒の問題には、以下のようなものがあります（小林ら ,2013; 菊地ら ,2013; 高木 ,2017）。

● **「言語発達遅滞」**……当該年齢で期待される言語発達が達成されていない状態を言います。言語発達遅滞が生じる要因は、言語機能（言語理解、言語表出）の発達の遅れ、知的発達の遅れ、運動機能の発達の遅れ、聴覚障害、対人関係やコミュニケーションの発達の遅れなどがあります。

● **「機能性構音障害」**……口唇口蓋裂（唇や口の天井部分の口蓋に割れ目があり口と鼻がつながった状態になっている先天性疾患）や巨舌症（生まれつきあるいはリンパ管腫や血管腫のために舌が異常に大きくなる疾患）のような発声発語器官の器質的な問題や、脳性まひや口やのどを司る神経のまひのような発声発語器官の運動の問題がないにも関わらず、構音（発音）がうまくできない状態を言います。幼児期の子どもに見られる構音障害の大半は機能性構音障害で、「さかな」が「しゃかな」「たかな」「ちゃかな」、「かめ」が「ため」、「らくだ」が「だくだ」などの「幼児語」が小学校入学後も見られます。吃音のある子どもがもっとも併せ持ちやすい障害で、吃音のある子どもの 2 ～ 4 割程度に見られることが知られています。

● **「クラタリング（早口言語症）」**……「ぼく、ぼくね」や「わたしは、わたしは」などの単語や句全体のくり返しや、「えいと」などの挿入、早口などのために、発話内容が相手に伝わりにくいものを言います。クラタリングの多くは、吃音とクラタリング双方の状態がある「スタタリング・クラタリング（吃音・早口言語症）」と言われています。

● **「知的障害」**……認知機能に著しい発達の遅れがあり、学業や生活に支障が生じているものを言います。とくに、ダウン症がある子どもには、吃音が多く出現することが知られています。

● 「**注意欠陥・多動性障害（ADHD）**」……発達障害のひとつで、落ち着きがない、衝動性がある、不注意などのために、学業や生活に支障が生じているものを言います。

● 「**社交不安障害**」……精神障害のひとつで、対人コミュニケーションを伴う社会的な場面への不安が強く、学業や生活に支障が生じているものを言います。青年期以降の吃音のある人の約4割に社交不安障害があると考えられています。

● 「**不登校**」……吃音の予期不安や発話場面の回避の増大に伴い、不登校となる場合があります。

● 「**チック症**」……目尻がけいれんしたようにヒクヒクする、口を歪めるなどの、自分でコントロールできない体の動きが生じるものを言います。吃音とチックを併せ持つ子どもの出現率はよくわかっていませんが、チック自体が幼児期や学齢期の子どもによく見られる問題であることもあり、吃音とチックを併せ持つ子どもに出会う機会が多くあります。

● 「**場面緘黙症**」……話す能力はあるにも関わらず、特定の社会的場面（学校等）で話すことができないものを言います。場面緘黙症のある子どもの中に、吃音のある子どもが一定数含まれることから、両者に何らかの関係があるのではないかと推察されています。

Q15 吃音の予後について教えてください

　　　幼児期に吃音が見られた子どもの7～8割は、自然治癒といって、特別な治療や指導をしなくても自然に吃音が消失することが知られています。

　　　しかし、幼児期に自然治癒しなかった2～3割の子どもは、その後も吃音が継続します。これらの子どもの中には、力の入った苦しいつまりや予期不安、苦手な音や言葉、場面の回避、自信や自尊感情の低下など、言語症状、心理症状が悪化する子どももいます。ただし、在籍学級における適切な対応やことばの教室などでの指導・支援等を行なうことで、言語症状や心理症状の悪化を食い止めたり、改善を図ったりできます。

サポートのポイント

- 子どもに吃音への思いや困難を尋ねましょう。とくに苦手な発話場面についてくわしく尋ねましょう（➡ 40ページ）。
- 「吃音のある子どもが安心する先生の姿勢」を意識して関わりましょう（➡ 42ページ）。
- 授業の発表や他の子どもとの関わりについての配慮や支援の実施を積極的に検討しましょう（➡ 42ページ）。
- ことばの教室や専門家を紹介をしましょう（➡ 94ページ）。

6 吃音を克服しようとしている さらさん

　小学校6年生のさらさんは、真面目で、おとなしいけど芯が強い女の子です。

　さらさんには、吃音があります。そのこともあり、全児童の前で話す機会がある学校行事の運営委員や企画委員を一度もやったことがありませんでした。しかし、6年生最初の学級活動の時間に、運動会の企画委員に立候補したのです。これまで一度も立候補したことのないさらさんが立候補したことに、クラスのみんなは驚きましたが、真面目で責任感の強いさらさんは、投票の結果、企画委員に選ばれました。

　次の日に、運動会の企画委員会の第1回の会議が開かれました。さらさんは副実行委員長に選ばれ、委員長と一緒に会議の司会を行ないました。しかし、初めての司会でとても緊張したさらさんは、強くどもってしまいました。さらに、さらさんは、副委員長として運動会の閉会の挨拶をすることになってしまいました。

先生の思い

- さらさんは、真面目で良い子なんだけど、人前で話すことが多い運動会の企画委員は向いていないんじゃないかな。うまくできるか心配だな。
- 運動会の閉会の挨拶、さらさんには負担が大きすぎないかな。他の子に変わってもらった方がいいんじゃないかな。

子どもの思い

- これまで、吃音を理由に企画委員になるのを避けてたけど、もう逃げるのはイヤ。もっと積極的な自分に変わりたい。
- いざ企画委員に選ばれると、不安しかない。企画委員になったのを後悔している。
- 委員会の司会、つまってうまくできずに、落ち込んだ。これから、毎回、こんな感じなのかな。閉会の挨拶もすることになったけど、ちゃんとできるかな。

保護者の思い

- 吃音があるのに、企画委員なんて大丈夫かな。
- 運動会の当日は、心配で見ていられないだろうな。途中でしゃべれなくなったり、他の子どもたちに笑われたりしたらかわいそうだな。

かいせつ

　吃音のある子どもの中には、クラスの運営委員や学校行事の企画委員といった、話すことの多い役割にあえて挑戦する子どもがいます。その理由は、子ども１人ひとりさまざまですが、さらさんのように、今の自分を変えたいと思い話さなくてはならない状況に自分を追い込む子どももいます。

　アメリカの著名な吃音研究者であるチャールズ・バンライパーは、このように吃音に立ち向かい、克服したいと願う気持ちを「モラール（morale）」（＊1）と呼び、吃音の改善に必要な要件のひとつに位置づけました。モラールを、吃音改善に結びつけるには、不安に押しつぶされそうになったり、自信を失いかけたりする子どもを励まし勇気づけるとともに、発表原稿の作成や発表の練習をしたり、一生懸命取り組む姿を温かく見守る雰囲気作りをしたりするなど、さまざまな指導や支援が必要です。

（＊1）「言語障害―事例による用語解説 第2版」松本治雄・後上鐵夫（編）、ナカニシヤ出版（2000）

吃音と社会との関わり

Q16 吃音をカミングアウトしたいと相談されたらどうしたらよいですか？

吃音のカミングアウトは、とても勇気がいることです。そこで子どもの不安な気持ちを支えながら、成功をめざし子どもと一緒に考えるようにします。

カミングアウトの具体的な方法には、仲の良い友だちあるいは吃音をからかう子にのみ話す、クラス全体に話す、子どものいないところで先生や親から話す、子ども同席のもと先生や親から話す、先生や親が同席のもと子ども自身が話す、先生や親の同席なしに子ども自身が話す、手紙を書いて渡す、書いた手紙を先生や親から読んでもらうなどがあります。子どもと一緒にどの方法が良いか、どんなことを伝えるかを考えます。子どもがことばの教室や病院の言語聴覚療法を受けている場合は、これらの担当の先生とカミングアウトについて考えたり、練習したりすると良いでしょう（➡ 112 ページ）。

Q17 吃音のある子が大人になった時の問題はなんですか？

吃音のある青年・成人の中には、学校での学習や職場での仕事、周囲の人とのコミュニケーションなどに問題のない人が大勢います。

その中には、吃音の言語症状や心理症状が大きく軽減し、普段吃音を意識することがほどんどない人もいます。また、吃音の言語症状や心理症状に若干悩みながらも、吃音と上手に折り合いをつけている人もいます。

ただし、進学、就職、結婚といったライフイベントが続く青年から成人にかけては、言語症状や心理症状が不安定になりやすい時期のようです。

そのため、この時期の吃音のある人の中には、言語症状や心理症状が進展したり、社交不安障害などの精神障害が生じたりする人もいます（➡ 30 ページ）。さらに、学校や職場に行けなくなったり、他者との関わりを避け引きこもってしまったりする人もおり、医療・教育・福祉などの連携した対応が求められます。

一方、この時期の吃音のある人の中にはセルフヘルプグループを活用している人もいます。セルフヘルプグループでは、例会・交流会を定期的に行ない、互いの吃音の悩みを話し合ったり、吃音についての勉強や話し方の練習に取り組んだり、専門家を招いて講習会やつどいなどのイベントを開催したりしています。

Q18 吃音のある人への配慮や支援は、いつまで必要ですか？

 **A** 　吃音のある人への配慮や支援は、吃音のある人１人ひとりの困難の有無で決まります。いつまでという期限はありません。

　2016年に施行された「障害を理由とする差別の解消の推進に関する法律（障害者差別解消法）」では、障害者への合理的配慮を行なうことを国や地方公共団体には義務、民間事業者には努力義務としています。このことは、障害のある人が困難を有し、配慮や支援を求めた際は、幼児期や義務教育期でなくても、学校や職場などに合理的配慮を求めていけることを示しています。

　現在、高校や大学では、相談室や障害学生支援室などを設置し、吃音を含む障害による学習や学校生活の困難がある学生への、相談や合理的配慮の提供などの支援を行なっています。また、英検や入学試験では、面接試験での特別措置（吃音で不利にならないように、言葉が出るまで待つなど）を行なっている場合があります（➡ 88 ページ）。

　また、職場でも、吃音の話し方を責めたり問題視したりしない、吃音のため困難な業務（電話など）を軽減するなどの合理的配慮を行なっている場合があります。

サポートのポイント

- 子どもに企画委員会の司会や閉会式での挨拶をする上での不安や困難を尋ねましょう（➡ 72 ページ）。
- 学校の先生すべてが「吃音のある子どもが安心する先生の姿勢」で対応できるように、情報を共有しましょう（➡ 46 ページ）。
- 「学年・全校活動」にある指導・支援を検討しましょう（➡ 70、72、74、76 ページ）。
- 必要に応じて、ことばの教室や専門家を紹介をしましょう（➡ 94 ページ）。

吃音の私が小学生・中学生だった時

大学4年
みなこさん

　母によると、私に吃音が出たのは幼稚園の年長だったようです。でも、私自身が自身の吃音に気づいたのは、小学校1年生の春でした。きっかけは、算数の授業の発表で数字がどうしても言えずつまってしまったことをクラスメイトに笑われたことでした。私は、その時、とてもショックを受け、その後、それまで積極的にしていた授業での挙手をあまりしなくなりました。

　私は、小学校4年生から6年生までの間、「ことばの教室」に通いました。ことばの教室の先生は、私に「眠たい声」で話す方法を教えてくれました。その方法を授業で試したら、どもらずスラスラと話せたのです。この時、私は「こんなふうに、話し方を工夫すればいいんだ」と衝撃を受けました。

　ただ、「眠たい声」はたしかに役立つ時もあったのですが、すべての場面で有効だったわけではなく、「眠たい声」でも吃音になることも多くありました。今の私だったら、「眠たい声」はたくさんある工夫のひとつに過ぎないことを知っているので、「眠たい声」でうまくいかない時は、別の方法を試すと思います。

　しかし、その当時の私は「眠たい声」しか知らなかったので「『眠たい声』が下手だから、どもっちゃうんだ。もっと『眠たい声』の練習をしなくちゃダメだ」と、自分を責めたり、「眠たい声」へのこだわりを強めたりしてしまいました。そのことから、ことばの教室の先生には、指導に通っている子どもに対し、いろいろな話し方の工夫があることや、うまく工夫ができないことを責めなくてよいことを伝えて欲しいと思います。

　また、ことばの教室では、教科書の音読の練習や、全校集会で委員会の発表をする練習もしました。ただし、教室では先生と1対1なので吃音になることはほとんどなく、本番の練習という意味ではあまり役に立ちませんでした。実際の授業や全校集会の場面に

近い、より実践的な練習があると良かったなと思います。

　しかし、ことばの教室の先生は、担任の先生と私の母との交換ノートを作り、担任の先生と母に吃音への配慮や支援の方法を伝えてくれました。交換ノートのおかげで、担任の先生は、吃音のことや私の吃音の困難を理解し、さまざまな配慮や支援をしてくれました。ことばの教室の先生と担任の先生が交換ノートでつながっていて、一緒に私のことを助けてくれているという安心感を得られたことは、とても嬉しく、ありがたかったです。

　中学校の時は、人前で話したいのだけど、吃音のために踏み出せない自分に葛藤を感じることが多かったです。そんな中、中学校３年生の時に、友だちに勧められ、美化委員会の副委員長を務めました。美化委員会の顧問の先生は、「大きな声ではっきりと話す」ことを重視する先生でした。私は、顧問の先生の期待に応えるために、毎日、一生懸命、全校集会の発表や委員会の会議の司会の練習をしました。

　私の住んでいた地域の中学校にはことばの教室がなかったので、小学校の時のようにことばの教室の先生に頼ることはできませんでした。私は、だれにも相談せずに、自宅の自分の部屋や登下校の時などに１人で練習しました。１人での練習は、とても大変で、辛くて泣いてしまうこともありました。どんなに練習しても、どうしても話せないこともありました。その時は、吃音だから話せないとは伝えずに、他の人に仕事を振って、自分の話す量や場面を変更してやり過ごしました。今振り返ると、担任の先生や顧問の先生に、吃音で困っていることを打ち明け、相談すれば良かったのにと思うのですが、当

時の私には、そのような考えはまったく思いつかなったのです。

　大学生になった今は、小学校や中学校の頃よりも、吃音で困ることは少なくなりました。今でも、吃音が出ることはたくさんありますが、授業で発表などをする前に「私には吃音があり、うまく話せないことがある」と話すようにしているので、小学校や中学校の時のように、「吃音がばれないよう、流暢に話さないといけない」というプレッシャーを感じることがなくなり、楽に話せるようになりました。

　また、吃音のある人のセルフヘルプグループに参加し、他にも同じように吃音のある人がいることがわかり、同じ悩みを話せる仲間がいることに居心地の良さを感じています。

　私が吃音のある人に初めて出会ったのは高校2年生の時です。幼い頃は吃音で悩んでいるのは自分だけだ……と考えて悩むことが多かった気がします。なので、小学校時代から吃音を持つ友だちがいたら、少し心が軽くなっていたかなと、思います。

　それでも、昔を振り返ると不満は少なくて、支えてくれた家族や先生方、友人、セルフヘルプグループのみなさんには感謝の気持ちでいっぱいです。これから悩むこともたくさんあると思いますが、その時は1人で悩まず、人の力も借りながら、自分のできることをできる範囲でがんばりながら生きていきたいと思います。

学級担任による
子どもへの対応と支援

こんな困難&こんなサポート

1 子どもが抱える困難を きちんと理解する

先生に吃音のことを相談しても、「大したことない」「大丈夫」と言われて終わりそう。

先生が、朝の会で、突然クラスのみんなにぼくの吃音のことを話した。ぼくのことを思ってくれてるのはわかるけど、恥ずかしくて、教室から逃げたくなった。話す前に、ぼくやお母さんに相談して欲しかった。

先生は、吃音になった時に「リラックスして」、「落ち着いて」、「ゆっくり」と言ってくれるけど、緊張したり慌てたりして吃音になるわけじゃないんだよね。

先生は、「大きな声で元気よく話しなさい」って言うけど、大きな声だと力が入って吃音になりやすくなる。

吃音の調子って、日によって違う。以前、言えた言葉でも、調子が悪いと言えなくなることがある。そんな時は、「前は言えたのにどうして?」と悲しくなったり、「言えない言葉がもっと増えたらどうしよう」と不安になったりする。

　吃音のある子どもは、学校生活でさまざまな困難に直面します。しかし、これらの困難は、必ずしも適切に理解されているわけではありません。とくに、言語症状が軽く心理症状が重い子どもの困難は、過小評価されやすいようです。

　そこで、吃音のある子どもの支援の第一歩として、吃音のある子どもが抱える困難をきちんと理解する必要があります。その際、1人ひとりが抱える困難は異なることを踏まえ、子どもや保護者に、吃音の困難や悩み、支援のニーズなどを尋ねる必要があります。吃音のある子どもが吃音の不安と闘いながら一生懸命話そうとしていることに思いを馳せ、「話し方」でなく、「話の中身」に注目することも大切です。

こんなサポート

① 吃音のある子どもの言語症状、心理症状を適切に理解します（➡ 20、24 ページ）

●緊張したり、慌てているわけではない。
●どうしても、言えない言葉がある。
●状況によって言いにくさが変わる。

② 「リラックスして」「落ち着いて」「ゆっくり」などの声かけは控えます

③ 子どもや保護者に吃音の困難や悩み、支援のニーズなどを尋ねます

●子どもや保護者の話をよく聞きます。
●子どもや保護者と十分相談した上で、支援や配慮の内容や方法を決めます。

④ 話し方でなく、話の中身に注目します

●発話の巧拙を、スラスラと話す、噛まないで話すなどの発話の流暢さだけで評価しないようにします。
●はきはき話す、大きな声で元気に話すなどの話し方の側面だけに価値を置きすぎないようにします。
●発表などの評価をする際は、最終的な成果（大きな声でスラスラと上手に発表できたなど）だけでなく、プロセス（発表に向けて練習をがんばった、吃音の不安に負けないで取り組んだなど）も考慮します。

●話の中身に注目する。

2 子どもが安心する基本的な接し方

先生が早口だと、つられて私も早口になっちゃう。

面と向かって話すと、緊張して余計にどもってしまう。

矢継ぎ早に話しかけられると、圧倒されて話せなくなる。

吃音で言葉がつまって出てこない時は、言葉が出てくるまで待っていて欲しい。

話している時に、うなずいたり、あいづちを打ってくれないと、ちゃんと話が伝わっているか心配になる。

吃音がたくさん出る時は、長く話すのがしんどい。

　コミュニケーションは、話し手と聞き手が互いに協力して初めて成立します。そのため、吃音のような発話に困難がある子どもとうまくコミュニケーションするには、聞き手となる先生の接し方が極めて重要になります。

　吃音のある子どもが安心する接し方には、次の2つがあります。

① 吃音のある子どもと接する際の基本姿勢

　吃音のある子どもが吃音の困難があっても安心して話せるように、発話における負荷を下げる、誠実なコミュニケーション態度で関わる、楽で話しやすい発話モデルを提示するなどをします。

② 吃音のある子ども1人ひとりのニーズや状態に応じた対応

　吃音のある子ども1人ひとりのニーズに応じて、吃音で言葉が出てこない際の対応を考える、吃音の言語症状や心理症状に応じて接し方を変えるなどします。

こんなサポート

①　吃音のある子どもにゆっくり、ゆったりと接します

- ●子どもと同じか、子どもより少しゆっくり位の発話速度で話します。
- ●子どもが話し終えた後に、一呼吸おいてから話し始めます。

- -

②　子どもの発話をよく聞きます

- ●子どもが話している時は、最後まで話を聞きます。
- ●急かしたり、途中で話を切り上げたりすることを控えます。
- ●話している子どもの方を見ます。
- ●うなずきやあいづちを適時入れて、話をちゃんと聞いていることを示します。

- -

③　子どもの発話に合わせて話します

- ●子どもとターンテイキング（話し手から聞き手、聞き手から話し手へと役割交代をすること）します。
- ●できるだけ発話の量を、子どもと同じか、子どもが多くなるようにします。
- ●発話の複雑さ（語彙や文構造）を、子どもの言語力に見合ったものにします。

●ターンテイキングをする。

④ 子どもと話す際の位置を工夫します

●子どもが圧迫感や緊張を感じにくい位置で話します（斜め向かい、横に並ぶ、歩きながらなど）。

●子どもと目線の高さを合わせます（しゃがむなど）。

⑤ 吃音で言葉が出にくい時は、言葉が出るまで待ちます

●原則として、子どもの言葉が出るまで待ちます。
●ただし、子どもによっては、言葉が出るまで相当長い時間がかかる子どもがいます。また、待たれるとプレッシャーを受けて辛いと感じたり、先生や友だちに代わりに言ってもらった方が楽だったりする子どももいます。そこで、吃音で言葉が出にくい時にどうして欲しいか、あるいはどうして欲しくないか、子どもや保護者と相談しておきます。

吃音の状況に応じて、話しかけ方を変えます

■**話しかけ方の例**（下にいくほど、発話における負荷が大きくなります）

 小

① **Yes、No で答えられる質問。**

例 「3 + 3 の答えは 6 で合ってますか？」など。どうしても言葉が出ない時は、首を縦や横に振っての回答も許容する。

② **選択肢のある質問。**

例 「3 + 3 の答えは、6 ですか。それとも 4 ですか」など。どうしても言葉が出ない時は、首を縦や横に振っての回答や、指さしでの回答も許容する。

 発語における負荷

答えは 6 ですか？

それとも 4 ですか？

③ **短い言葉で返せる質問。**

例 「3 + 3 はいくつですか」など。

④ **長い言葉で返す必要のある質問。**

例 「夏休みの一番の思い出は何ですか」など。

 大

3 「新入学・進級時」の対応

もうすぐ小学校の入学式。小学校はこども園の時に何度か行ったけど、とても大きくてびっくりした。小学校に入ったら、勉強と運動会が楽しみ。他のこども園や保育園、幼稚園から来るお友だちには、どんな人がいるかな。仲良くなれるかな。

私は、4月から4年生。3年生の先生は、吃音で困った時に相談にのってくれたり、励ましてくれたりして、とても嬉しかった。今度の先生も、3年生の担任の先生のように吃音のことをわかってくれる先生だといいな。

4月から5年生。5年生は、図工と家庭科と理科は担任の先生じゃない先生が教えてくれるらしい。新しく始まるクラブや委員会も担任の先生じゃない先生が担当になるみたい。これまでは、吃音のこと、担任の先生にだけ話していたけど、他の先生にも話した方がいいのかな。

　多くの吃音のある子どもは、クラスや担任の先生が替わる入学・進学時に、新しいクラスメイトや担任の先生が吃音をどのように思うか、うまくしゃべれるか、授業や学級活動の進め方はどうか、吃音のことを知らないクラスメイトにからかわれないかなどの不安を感じます。

　また、保護者も、学校生活をうまく送れるか、吃音のことをからかわれないかなどの不安を感じていることが少なくありません。

　さらに、小学校の高学年や中学校になると、教科担当の先生による授業が増えたり、クラブや委員会活動、部活動が始まったりするため、担任の先生が関わらない時間が増加します。

こんなサポート

1 前年度の担任の先生などから、これまでの情報を入手します。

- 吃音の状態や、支援や配慮の実施状況について、引き継ぎの資料で確認します。また、個別の指導計画（＊1）や個別の教育支援計画（＊2）が作成されている場合は精読します。

2 必要に応じて、保護者や子ども自身に、吃音の状況やニーズを尋ねます。

- 保護者や子ども自身の不安が強かったり、吃音への対応についての相談があった場合は、面談などを行ない、吃音の状態や支援のニーズについて尋ねます。
- 保護者や子どもには、安心して学校生活が送れるよう、吃音への支援や配慮をきちんと行なうことを伝えます。

3 吃音の状況やニーズを踏まえ、どのような支援や配慮が必要か考えます。

- 子どもが困難を感じている場面でどのような支援や配慮をするか考えます。
- 支援や配慮の実施にあたっては、あらかじめ保護者や子どもにその内容を伝え、了解を取っておくとよいでしょう。

4 子どもと関わるすべての先生との連携を図ります。

- 子どもの状態に気になることや気づいたことがあったら、随時、関係する先生同士で情報交換します。

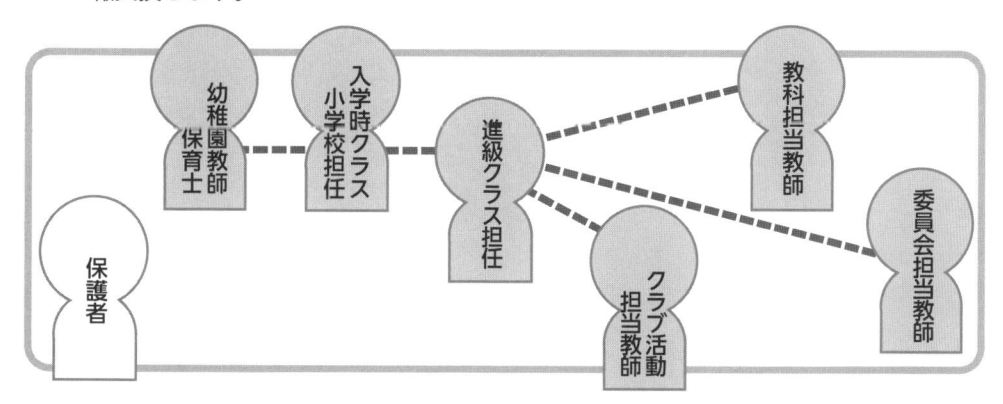

（＊1）「個別の指導計画」：障害のある幼児児童生徒1人ひとりの教育的ニーズに応じたきめ細やかな指導をするために、比較的短期間（1学期、1年など）の指導目標、指導内容、指導方法を整理したもの。

（＊2）「個別の教育支援計画」：学校、家庭、医療機関などが連携して、本人や保護者の意向や将来の希望などを踏まえた支援を行なうために、長期的な視点で支援の目標や内容を整理したもの（文部科学省（2018）「特別支援学校教育要領・学習指導要領解説　総則編（幼稚部・小学部・中学部）」より）。

4 「自己紹介」での対応

> 4月から、新しいクラスになる。ぼくは、自己紹介がとても苦手。初めて会う人の前だととても緊張するし、吃音にもなりやすい。
> 自己紹介で失敗すると、「ダメな奴」とその後ずっと思われそう。
> 去年は、吃音で自分の名前が言えなくて、みんなに笑われた。今年もそうならないかとても心配。

　吃音のある子どもが苦手とする活動のひとつに、新しいクラスでの自己紹介があります。とくに、他の言葉への言い換えができない自身の名前が言いにくい場合、自己紹介への不安が一気に高まります。

　また、自己紹介で失敗して、第一印象が悪くなったり、周囲から変な目で見られたりしたらどうしようと、心配する子どももいるでしょう。

　さらに入学・進学の直後は、吃音についてよく知らないため、悪気なく吃音の話し方を笑ってしまう子どももいるかしれません。

こんなサポート

 自己紹介のマナーを子どもたち全員に伝えます

- 自己紹介に苦手意識を持っている人や、「うまくできるか」不安や緊張を感じている人がいることを知らせます。
- うまくできなかったり、途中で止まったりしても、笑ったりせず、最後まで話を聞くのがマナーだと説明します。

 発話以外の方法を含むさまざまな自己紹介の方法を取り入れます

- 自己紹介の項目を調整します。
  - **例** できるだけ項目数を減らす、吃音で言いにくい項目をなくすなど。
- 少人数だと自己紹介できる場合は班単位などで自己紹介をします。
- 名前や自己アピールなどを書いた画用紙を見せながら行なうようにします。
  - **例** 「ぼくの名前は、これです」と言いながら、画用紙に書かれた自分の名前を指さすなども可とする。
- 名刺を作り、交換し合うようにします。
  - **例** 名前が言えない場合は、配るだけでも可とする。
- 自己紹介をやめ、先生から紹介するようにします。

 困難や不安が強い場合は、子どもや保護者と相談する機会を設け、実施方法や支援、配慮の希望を尋ねます

- 言いにくい言葉と、その言葉に対する支援、配慮について。
  - **例** 何もしない、先生が代わりに言う、その言葉を言わなくてもいいようにするなど。
- 自己紹介を行う順番について相談します。
  - **例** 最初、真ん中、最後など。
- 自己紹介の途中で吃音が出た時の先生の対応を打ち合わせます。
  - **例** 何もしない、先生が代わりに言うなど。

5 「授業の発表」での対応

授業の発表の形式には、大きく、挙手して発表、指名されて発表の2つがありますが、吃音のある子どもはどちらにも困難を感じます。

吃音のある子どもの授業の発表の困難の多くは、答えに言いにくい言葉が入っているために生じます。そのため答えはわかるのに、言いにくい言葉のため挙手できずやしい思いをする子どもが少なくありません。

とくに、言いにくい言葉が、固有名詞や数字など他の言葉に言い換えられない場合は、その困難が増大します。また、説明や感想など自由に発話できる場合でも、言いにくい言葉を他の言葉に置き換えるため、不自然な言い方になったり（「ノート」が言えないために「帳面」と言うなど）、回りくどい表現になったり（「徳川家康」が言えないために「江戸幕府を作った初代将軍の人」と言うなど）します。

こんなサポート

❶ 話し方でなく、内容を重視します

- ●クラス全体に対し、発表では話し方でなく内容が重要であると伝えます。
- ●発表の際に吃音が出たり、吃音への不安から小さな声になったりするのを許容します。

❷ 発話以外の方法を含む、さまざまな発表方法を提示します

- ●板書で回答する。

 黒板に問題を書き、答えを板書させるなど。

- ●選択肢から選択する形式で回答します。

 「答えは、A「35」、B「37」のどちらでしょう」と発問し、選択肢の記号（A、B）と答え（「35」、「37」）のどちらで答えても可とするなど。

❸ 困難や不安が強い場合は、子どもや保護者と相談する機会を設け、実施方法や支援、配慮の希望を尋ねます

- ●希望する発表の形式を尋ねます。

 挙手して発表する、指名されて発表するなど。

- ●挙手して発表の際に、「答えはわかるけど、吃音のためうまく話す自信がない時のサイン」を決めます。

 「答えがわかるし吃音も出なさそう（当ててもよい）の時は5本指の挙手、答えはわかるが吃音が出そう（当てないで欲しい）の時は4本指の挙手をするなど。

- ●希望する指名の方法を尋ねます。

 出席番号順や席順などで指名する、アトランダムに指名するなど。

●挙手の発表の際にサインを決める。

6 「音読」での対応

教科書の音読が始まると、急いで自分の読む文を確認する。その文の最初が言いやすい言葉だとほっとする。でも、言いにくい言葉だったら「どもっちゃう、どうしよう」という気持ちでいっぱいになり、他の人が読んでいるのは耳に入らなくなる。

1人だとどうしてもどもっちゃう。他の人と一緒だとどもらないでスラスラ読めるんだけどな。

　吃音のある子どもの中には、音読に不安や困難がある子どもが多くいます。ただし、音読ではほとんど吃音が出ない子どももいるなど、音読に対する不安や困難の程度は子どもによりさまざまです。

　授業中の音読では、座席順や出席番号順に1人1文ずつ読む音読（丸読み）が困難な子どもが多いようです。宿題の音読では、とくに読み慣れない新しい単元を読む際に、のどや口に頻繁にギュッと力が入り、読み終えるのに時間がかかったり、疲れてしまったりする子どもがいます。

　このような不安や困難は、いずれも1人で読む時に生じます。しかし、他の人と一緒に読む「斉読」では、吃音の言語症状や音読への不安・困難が劇的に減少します。

こんなサポート

1 斉読の効果を活用します

● 音読を、1人でなく、列ごと、班ごと、隣の人とのペアなどの斉読で行ないます。
● 1人での音読の際に、先生がさりげなく子どもと斉読します（吃音のある子どもとだけすると目立つので、アトランダムに他の子どもともします）。

2 音読の宿題で用いる音読カードの保護者の評価や子どもの自己評価の項目を見直します

● 大きな声で読めた、スラスラ読めた、はきはき読めたなどの項目を修正します（➡ 140 ページ）。

例 「あまり」つまらないで読めた、「だいたい」スラスラ読めた、「ちょうどいい大きさ」の声で読めたなど。

● ゆっくり読めた、最後までがんばって読めたなどの項目を設けます。

音読カード		年　　組　名前				
読み終えたら評価しよう　◎とても良い　○良い　△もう少し						
月日		ちょうど良い大きさで	だいたいスラスラ	だいたいはきはき	さいごまで	

3 困難や不安が強い場合は、子どもや保護者と相談する機会を設け、実施方法や支援、配慮の希望を尋ねます

● 希望する音読の方法を尋ねます。

 例 1人で大丈夫、斉読でする、指名でなく挙手で音読する人を決める（言えそうな時のみ挙手する）など。

● 宿題の音読での読む回数を減らします。
● 宿題の音読で保護者と斉読することを許容します。

7 「計算カード・かけ算九九の口唱」での対応

さざんがく

クラスメイトがたくさんいる前でするかけ算九九の口唱のテストは、吃音への不安でとても緊張する。
それに、噛んだりつっかえたりせずに、ひとつの段を10秒以内に言わないと合格できない。一生懸命練習しているけど、どもってしまうので、なかなか合格にならない。

　小学1～2年生で行なわれる計算カードやかけ算九九の口唱は、吃音のある子どもの多くが不安や困難を感じる学習課題です。

　吃音でスムーズに口唱できないため、計算自体はできていても、計算カードの口唱の宿題に時間がかかったり、かけ算九九の口唱テストに合格できなかったりします。

　これらの困難は、言い換えのできない数字を言わなくてはいけないために生じます。さらに、かけ算九九の口唱テストの際に、時間制限があったり、噛んだりつっかえたりするのが禁止されていたりすると、困難はさらに高まります。

こんなサポート

 ### ① 口唱の目的を確認します

- 計算カードやかけ算九九の口唱の目的が、速くスラスラ言うことでなく、計算がしっかりできるよう正確に計算式を覚えることであることを、クラス全体で確認します。

② 口唱の実施方法を変更します

- 計算式は言わずに答えのみを言うようにします（「1＋9＝10」の「いちたすきゅう」は省略して「じゅう」のみ言う、「2×2＝4」の「ににんが」を省略して「し」のみ言うなど）。
- 計算式を口唱でなく黙読します。
- 口唱以外の方法で回答します。

例 ノートに答えを書くなど。

2×2＝4
2×3＝6

 ### ③ かけ算九九の口唱テストにおける制限や禁止事項を見直します

- 時間制限をなくしたり、緩和したりします。
- 吃音のために噛んだりつっかえたりするのを、禁止対象から外します。

 ### ④ 困難や不安が強い場合は、子どもや保護者と相談する機会を設け、実施方法や支援、配慮の希望を尋ねます

- 口唱の宿題を、保護者と斉読で行なうのを許容します。
- 口唱テストを別室（空き教室など、他の人がいない場所）で行ないます。

8 「英語の授業」での対応

Come on!
Let's speak!

英語の授業では、他の授業よりも話すことが多いから大変。
吃音で言いにくい言葉がある時、日本語だと他の言葉に言い換えられるけど、英語だと知ってる言葉が少ないので、言い換えられない。
外国人の先生は、担任の先生みたいに吃音のことを知らないので、ぼくが吃音でつまっている時に「カモン、レッツスピーク」と何度も言ってくる。

　小学校の英語教育では、「聞くこと」「話すこと」の言語活動が重視されます。また、ALT（外国語指導助手）の先生が入り、担任の先生と共に授業を行なう場合が多いようです。

　吃音のある子どもの中には、英語教育に不安や困難を感じる子どもがいます。これらの子どもは、英語活動で重視されている英会話などの言語活動が困難だったり、語彙力の乏しさから言いにくい言葉を他の語に言い換えられなかったりします。

　また、英語教育を担当するALTの先生の吃音への理解不足から、吃音で話せないのを英語力不足だと誤解されたり、言葉が出るまで待ってもらえなかったりすることもあります。

こんなサポート

① ALT の先生と情報共有をします

●吃音のある子どもの状況や困難を伝えます。
●担任の先生が授業中に行っている吃音のある子どもへの配慮や工夫を伝えます。

> **吃音のある子どもへの配慮と工夫**
>
> ●ゆっくり、ゆったりと接する
>
> ●最後まで話を聞く
>
> ●吃音で言葉が出にくい時は、①言葉が出るまで待つ、②最初の単語を一緒に言う、③さりげなく代わりに言う

② 子どもが吃音で話しにくそうな時に支援します

●子どもが吃音で話しにくそうにしている時に、さりげなく代わりに言ったり、斉読の要領で子どもに一緒に言うようにしたりします（吃音のある子どもにだけすると目立つので、アトランダムに他の子どもにも行なう）。

③ 困難や不安が強い場合は、子どもや保護者と相談する機会を設け、実施方法や支援、配慮の希望を尋ねます

●言いにくい言葉と、その言葉を言う際に希望する支援や配慮（何もしない、先生が代わりに言う、その言葉を言わなくてもいいようにするなど）を確認します。
●英会話の練習の途中で吃音が出た時の先生の対応（何もしない、先生が代わりに言うなど）を確認します。

9 「班の話し合い」での対応

普通の授業では、挙手しなければ話さないですむけど、班の話し合いは、人数が少ないから、話さないといけない。
同じ班の人に、「声が小さくて聞こえない」、「声がもごもごしていて、何て言ってるかわからない」などと言われると、緊張して余計話しづらくなる。
よく話し終えたと勘違いされ、他の人に話されてしまい、くやしい気持ちになる。

声が小さくて聞こえないよ

　アクティブラーニングの重視に伴い、授業の中で、班の話し合いをする機会が増えています。
　吃音のある子どもの中には、少人数での活動である班の話し合いに、それほど困難を感じない子どももいます。しかし、積極的に話すことが求められるのが負担になったり、他児から話し方を注意されることに不安や困難を感じたりする子どももいます。
　また、吃音で言葉が出てこないために、自分の意見が言えなかったり、他の友だちに話を取られたりすることへの焦りや不満、無力感を訴える子どももいます。

こんなサポート

 ① すべての子どもが安心して参加できる班の話し合いのルールを作ります

- 発表している人の話を最後まで聞きます。
- 他の人が話している時や話し始めようとしている時に、割り込んで話しません。
- 話し方でなく、話の中身に注目します。
- 話が聞こえなかったり、わかりにくい時は、やさしい言葉で指摘します。

例 「もう少し、大きな声で話してもらってもいい？」「聞き取れなかったから、もう一度言ってもらってもいい？」など。

- 特定の人だけでなく、話し合いに参加している全員が発言します（ただし、吃音のある子どもに発言を無理強いすることは控えます）。

 ② 吃音の不安や困難が軽減されるような話し合いの工夫をします

- 話し合いの前に、発表する内容（自身の意見や考え）をノートにまとめます（文字化してまとめておくことで、発話の困難が軽減される場合があります）。
- ホワイトボードや模造紙、付箋などを用意し、出された意見や考えを書き入れるようにします（吃音で言葉が出にくい時はこれらに書いたものを見せてもいいことにします）。

どう思う？

●意見や考えをノートにまとめる。

 ③ 困難や不安が強い場合は、子どもや保護者と相談する機会を設け、実施方法や支援、配慮の希望を尋ねます

- 安心できる子どもと一緒の班にする、相性の合わない子どもとは他の班にするなどの調整をします。

10 「学習成果の発表」での対応

> 今度の授業参観は、班ごとに物語の朗読劇をする。何度も練習して自分のセリフはバッチリ覚えたけど、練習ではいつもどもってしまい、班のみんなに迷惑をかけている。
> 本番は、保護者の人もいてもっと緊張するだろうし、ちゃんとできるかとても心配。

　授業の中では、調べ学習の発表や国語の物語の朗読劇などの学習成果の発表などがしばしば行なわれます。また、学級活動や総合的な学習の一環として、夏休みの自由研究の発表会や2分の1成人式での「10歳の誓い」などの発表が行なわれることもあるでしょう。多くの吃音のある子どもにとってこのような学習成果の発表は不安や困難が大きい活動です。そのため、何日も前から、発表を気にして、不安になったり緊張したりする子どももいます。

　とくに、授業参観に合わせて行なわれる学習成果の発表では、クラスの人に加え保護者の人にも発表しなくてはいけないため、不安や困難は、より大きくなります。また、班ごとなどグループで行なう発表では、一緒に発表するメンバーに迷惑をがかかると悩む子どももいます。

こんなサポート

1 学習成果の発表では、上手に発表することだけでなく、日頃の学習の成果を一生懸命伝えることが大切なことを子どもたち全員と確認します

- ●発表が上手にできることに価値を置きすぎないようにします。
- ●発表の仕方でなく、発表の内容が大切であることを伝えます。
- ●発表原稿を一生懸命作ったり、くり返し熱心に練習したりするなどのプロセスも重視します。

2 吃音になりにくいように、発表原稿の内容や読み方の工夫をします

- ●発表原稿を作る際に、吃音になりやすい言葉を避ける、吃音になりにくい言葉を多用するなどの工夫をします。
- ●ゆっくり話すなど、吃音になりにくい話し方をします。
- ●配布プリントやフリップ、模造紙などの視覚教材を活用します（吃音になりやすい言葉を、視覚教材を示しながら「これです」と言ってすますなど）。
- ●グループ活動の場合は、吃音のある子どもが、吃音になりにくい、話しやすい箇所を担当できるようにします。

3 困難や不安が強い場合は、子どもや保護者と相談する機会を設け、実施方法や支援、配慮の希望を尋ねます

- ●子どもの困難が軽減するように発表会の内容や方法を調整します（朗読劇を隣の人やグループでの斉読で行なうなど）。
- ●個別の練習の場を設けます（放課後、子どもと先生とで練習するなど）。
- ●発表会当日、子どもが言いにくい箇所を、先生がさりげなく斉読します。

かげおくりってなあに

かげおくりってなあに

●隣の人と斉読で行なう。

11 「総合的な学習の時間」での 対応——学外の人との交流

6年生になると地域のお店などで職場体験をするワークチャレンジがある。ワークチャレンジでは、パン屋さんでお客さんにパンを売る体験をする。お店の人への自己紹介や、お客さんへの対応でどもらないかすごく心配。「ちゃんと話せ」ってお店の人に注意されないかな。お客さんと話している時にどもったら、お店の人に迷惑をかけるんじゃないかな。

　総合的な学習の時間では、しばしば、地域の人をゲストティーチャーとして招いたり、職場体験をしたりするなど、学外の人との交流が行なわれます。普段面識のない大人と関わるこれらの活動は、吃音のある子どもにとって困難を感じやすい場面です。
　吃音のある子どもの多くは、これらの活動の際、普段以上に、どもらないで話せるか、初めて会う人にインタビューするなど課せられた役割ができるかなどの不安を感じます。また、どもると変な子って思われるのではないか、注意されるのではないか、迷惑をかけるのではないかなど、学外の人に自身の吃音を否定的に評価されるのではないかと心配します。

💡 こんなサポート

① 活動の前に、取り組み方や話し方の工夫について子どもと話し合い、練習します

- ●学外の人との交流では、相手を敬ったり、一生懸命活動に取り組んだりする気持ちや態度が大切なことや、話し方でなく話の中身が大事なことを確認します。
- ●職場体験の活動でどのような発話が求められるかを事前に確認したり、必要に応じて発話練習をしたりします。

② 学外の人によく説明します

- ●ゲストティーチャーや職場体験を依頼する地域の人などに、子どもの吃音の状況や今回の活動への不安・困難、関わる際の留意点をあらかじめ伝えます。

③ 困難や不安が強い場合は、子どもや保護者と相談する機会を設け、実施方法や支援、配慮を尋ねます

- ●職場体験の内容や実施方法を調整します。
- **例** 発話に対する不安や困難が少ないバックヤードでの仕事を選択する。他の子どもとペアを組み、2人で役割分担をしたり（ペアの子どもが接客、吃音のある子どもがレジ打ちや袋詰めをするなど）、「いらっしゃいませ」などのセリフを2人で声を合わせて言うなど。
- ●自己紹介の実施方法を工夫します。
- **例** 職場の人に名前を言ってもらい、吃音のある子どもは「よろしくお願いします」と言うだけですむようにするなど。

●他の子と役割分担をする。

12 「健康調べ」での対応

健康調べの時、前の人が言い終わったらすぐに言わないと「朝からボーッとしない」と先生に注意される。でも、言葉がつまってすぐに出てこない時がある。だから、健康調べは、とても緊張する。

私のクラスでは、出席番号順に「はい、元気です。○○さん」って、今日の体調と次の人の名前を言っていくんだけど、「はい」の「は」が言いにくくていつもつまってしまう。あと、「○○さん」も言いにくい。

ぼくのクラスの目標は「朝から元気にがんばろう」。だから、大きな声で言わないと、やり直しになる。でも、大きな声を出そうとするとどもってしまう。

　吃音のある子どもがしばしば訴える学校生活の困難のひとつに、朝の会で行なう「健康調べ（健康観察）」があります。とくに、出席番号順や席順に「はい、元気です、○○さん」と言うリレー形式の健康調べに困難を感じる子どもが多いようです。

　リレー形式の健康調べは、決まったセリフをタイミング良く言わなくてはいけません。そのため、セリフの中に言いにくい言葉が含まれている場合は、子どもの困難は大きくなります。さらに、前の人が言い終わったらすぐに言わなくてはいけない、大きな声で元気に言わないといけないなどが課せられると、子どもの困難はさらに大きくなります。

こんなサポート

1 ### 健康調べの目的を確認します

- 健康調べの目的は、決まったセリフをちゃんと言うことではなく、出欠や健康状態を確かめることであることを、クラス全体で確認します。

---

2 ### 健康調べの実施ルールを変更・緩和します

- セリフの変更を認めます。

例「はい、元気です。○○さん」の他に「元気です。○○さん」、「はい、元気です」（○○さんは言わない）なども可とする。

- 健康調べを行なう順番を出席番号順から席順などに変更します（次の人（○○さん）の名前が言いにくい子どもの場合、次の人の名前が変わると困難が解消される場合があります。
- 前の人が言い終わってから言い始めるまで少し時間がかかっても可とします。
- 大きな声で言えなくても可とします。

- セリフの変更を認める。

---

3 ### 健康調べの実施方法を変えます

- リレー形式でなく、先生や健康係の人が名前を読み上げ「元気です」「大丈夫です」などと言う方法にしたり、クラス全体に「体調の悪い人はいますか」などと尋ね該当者が挙手して伝える方法にしたりします。

13 「日直当番」での対応

日直当番は「きりつ」「いまから、○○のべんきょうをはじめます」「ちゃくせき」って言わなくてはいけないんだけど、「きりつ」が吃音でつまって出てくるまで時間がかかる。

きり・・・つ・

日直当番になると、朝の会で、気になる新聞記事を紹介する1分間スピーチをしないといけない。前の日から何を言うか考え、練習を何度もするんだけど、本番になると必ずどもってしまう。

1週間位前から「あと○日」と日直当番までの日数を気にし、どんよりした気持ちになる。当番の日の朝は、不安と緊張がマックスになり、学校に行きたくなくなる。

　吃音のある子どもが困難を感じる日直当番の仕事は、決まった言葉を言わないといけない朝の会や帰りの会の司会や、授業の開始と終わりの号令、自身の体験や意見をまとめて発表する朝の会の1分間スピーチなどです。

　これらの困難は、先生が合図をしたら間髪入れずに話したり、はきはきと大きな声で話したりすることが求められると、さらに高まります。

　中には、日直当番への不安や緊張が強く、日直当番を担当する何日も前から日直当番のことを気にして憂鬱な気持ちになる子どももいます。さらに、日直当番の日に学校に行くことを渋ったり、お腹が痛くなったりする子どももいます。

　しかし、日直当番が2人いて、号令は声を合わせて一緒に言えばいいなど実施の方法を柔軟にすると、吃音のある子どもの困難はグンと軽くなります。

こんなサポート

1 ## 日直当番の実施ルールを変更・緩和します

- 朝の会や帰りの会の司会、授業の開始と終わりの号令のセリフの変更を認めます（「きりつ」を「立ってください」、「今から○○の勉強を始めます」を「○○の勉強を今から始めます」にするなど）。
- 先生の合図から話し始めるまでに多少時間がかかっても可とします。
- 大きな声で言えなくても可とします。

2 ## 日直当番の仕事内容や実施方法を変えます

- 日直当番を2人にして、司会や号令は2人で声を合わせて言うようにしたり、2人で役割分担（1人が司会や号令を言う役、もう1人が予定を黒板に記入したり出席票を職員室に持って行ったりする役など）したりします。
- 1分間スピーチをなくします。

- 日直当番を2人にして役割分担をする。

3 ## 困難や不安が強い場合は、子どもや保護者と相談する機会を設け、実施手法や支援、配慮の希望を尋ねます

- 言いにくい言葉と、その言葉を言う際に希望する支援や配慮（何もしない、先生が代わりに言う、その言葉を司会や号令のセリフからなくすなど）を確認します。
- 日直当番の仕事の途中で吃音が出た時の先生の対応（何もしない、先生が代わりに言うなど）を決めておきます。
- 日直当番の朝、登校できないほど子どもの不安や緊張が強い場合は、日直当番の仕事の一部もしくはすべてを免除します。

14 「係活動」での対応

明日の学級活動は、1学期の係を決める話し合いをする。私は、話さなくてもいい黒板係になろうと思っている。でも、なりたい人が多くてじゃんけんになるかも。もし、じゃんけんに負けて、話さなくてはいけない係になったらイヤだな。

ぼくは、体育が大好き。だから、2学期は体育係をしたいと思っている。でも、準備体操の号令で大きな声を出さないといけない。吃音で号令が言えないと恥ずかしいし、みんなに迷惑かけちゃうかもな。やっぱり、やめた方がいいかな。

号令がかけられない

　係活動の中には、あまり話さなくてもいい係もあります。吃音のある子どもの中には、吃音の不安や困難を感じずにすむように、これらを選択する子どもがいます。しかし、希望者が多く抽選で漏れ、発話が多い係になると、吃音の不安や困難が増えてしまうことになります。

　また、どうしてもやってみたい係がある、吃音で話せない自分を変えたいなどの理由から、自ら発話の多い係を選ぶ子どももいます。中には、意欲的にこれらの係活動に取り組むことを通して、達成感や自信を積み重ねたり、吃音の不安や困難が軽減したりする子どもがいます。しかし、発話が多い係の仕事をうまくできず、自身を責めたり、自信をなくしたりする子どもや、吃音の不安や困難が大きくなってしまう子どももいます。

こんなサポート

 発話量の異なるさまざまなタイプの係を用意します

- あまり話さなくてもよい係……生きもの係、黒板係、掲示係、配布係など。
  発話が多い係……総務係、健康調べ係、体育係、レクリエーション係など。

② 係活動の仕事内容や実施方法を変えます

- 2人で声を合わせて健康係の健康調べの名前の呼称、体育係の準備体操の号令などをします。
- 係の中で役割分担をします（総務係で司会をする役と書記をする役を設ける。レクリエーション係で司会をする役と使う道具を作る役を設けるなど）。
- 必要に応じて、各係の発話量や内容を調整します。

例 レクリエーション係でレクリエーションの内容やルールを説明する模造紙を用意し、すべてを口頭で説明しなくてもすむようにする。

●2人で号令をかける。

③ 困難や不安が強い場合は、子どもや保護者と相談する機会を設け、実施方法や支援、配慮の希望を尋ねます

- 係活動の中に、困難や不安が強くどうしてもできないと子どもが感じている活動がある場合は、その活動の内容や実施方法を変えたり、その活動をしなくてすむようにします。

15 「全校行事」での対応
──運動会、6年生を送る会など

> 6年生を送る会で、2年生はスイミーの劇をする。1年生の時は歌だったから大丈夫だったけど、劇ではセリフがあるので緊張する。どもらないか今から心配。

> 学芸会で、4年生はごんぎつねの朗読劇をする。本当は、主人公のごんの役をやりたかったけど、吃音でセリフが言えるか不安で立候補できなかった。吃音のせいでやりたい役ができず、くやしい。

　全校の児童生徒や保護者の前で発表する全校行事は、多くの吃音のある子どもにとって不安や困難が大きい活動です。

　全校行事での困難には、劇や応援合戦のセリフなど決まった言葉を言う、体育館のステージや校庭など広いところでみんなに聞こえるよう大きな声で言うなどがあります。さらに、全校行事では、子どもの普段の様子や吃音のことを知らない他のクラスや学年、保護者などから吃音の話し方を笑われたり、ばかにされたりすることもあります。そうすると、恥ずかしさやみっともなさから余計に話せなくなったり、そのことをきっかけに吃音の言語症状や心理症状が一気に憎悪したりする場合があります。ただし、これらの活動に一生懸命取り組むことを通して、達成感や自信を積み重ねたり、吃音の困難を乗り越えたりする子どももいます。

こんなサポート

1 全校行事の目標を確認します

●全校行事の目標がみんなで協力してひとつの活動に取り組むことにあることを確認します。
●上手に発話できることに価値を置きすぎないようにします。
●主役など目立つ役だけでなく、すべての役が重要であることを伝えます。
●全校行事に向けてのプロセス（くり返し熱心に練習するなど）を重視します。

2 発話量や発話方法の異なるさまざまなタイプの役割を用意します

●しゃべらなくてもよい役、少ししゃべる役、たくさんしゃべる役など。
●1人で話す役、数人で一緒に話す役、全員で話す役など。

3 発話内容や実施方法を変えます

●吃音で言いにくいセリフを、言いやすい他の言葉にします。
●ゆっくり話すなど、吃音になりにくい話し方を取り入れます。
●吃音で言いにくいセリフを、複数で一緒に言うようにします。
●マイクを使います（マイクを使うと大きな声を出さなくてすむので、力が入り過ぎず楽に話せる子どもがいます。ただし、マイクを使うとかえって話しづらくなる子どももいます）。
●セリフが書かれたカンペを見せます（文字を見ながらだと言いやすくなる子どもの場合）。
●先生や他の子どもがさりげなく斉読します。

4 困難や不安が強い場合は、子どもや保護者と相談する機会を設け、実施手法や支援、配慮の希望を尋ねます

●不安や困難が強くどうしてもできないと子どもが感じている場合は、その活動をしなくてすむようにします。
●個別の練習の場を設けます（放課後、子どもと先生とで練習するなど）。

16 「委員会活動」での対応

> 委員会では、吃音のことを知らない先生や他のクラスの人と一緒に仕事をする。「ちゃんとしゃべれ」と叱られたり、吃音を笑われたりしないか心配。

> 放送委員会にはずっと興味があったんだけど、吃音で自信がなかったので5年生は別の委員会にした。でも、6年生になり、吃音でいろいろなことから逃げている自分を変えたくて、勇気を出して放送委員会に立候補した。お母さんには「吃音があるのに、大丈夫なの?」と心配されたけど、一生懸命練習すれば何とかなると思っている。

> 放送委員会なんて大丈夫なの?

> 何とかなる

　小学校の高学年から始まる委員会活動は、普段関わりがない先生や他のクラスの人と活動します。また、全校集会での発表など、吃音のある子どもにとって不安や困難が強い活動が含まれている場合があります。そのため、委員会活動に不安や困難を感じる子どもがたくさんいます。さらに、委員会の担当の先生や他の子どもたちの吃音への理解がなく、早く話すように促されたり、吃音の話し方を笑われたりする場合は、さらに困難が大きくなります。

　一方で、仕事の内容に興味やあこがれがある、吃音で消極的になってる自分を変えたいなどの理由で、運営委員会や学校行事の企画委員会、放送委員会など、大勢の前で話す機会が多い委員会に自ら進んで入る子どももいます。この場合は、子どもがこの挑戦を通して、達成感や自信、有能感を積み重ねたり、吃音の不安や困難の軽減を図ったりできるよう、励ましや支援を行なうことが求められます。

こんなサポート

① 意欲的に取り組む姿をほめます

● 全校の発表などの不安や困難を伴う活動に取り組む姿をほめたり、励ましたりします。

② 委員会を担当する先生との連携を図ります

● 委員会を担当する先生と子どもの状態や必要な支援・配慮について情報交換します。
● 全校の発表など吃音の不安や困難が高まりそうな活動を行なう際は、より緊密に情報交換します。

③ 吃音のある子どもの困難に配慮した委員会運営をします

● 吃音で言葉が出てこない時は、言葉が出るまで待ちます。
● 早く話すように促したり、吃音の話し方を注意したりしないようにします。
● 吃音の話し方を笑ったりからかったりしないようにします。

④ 委員会の仕事内容や実施方法を変えます

● 発表など 2 人で声を合わせて行なうようにします。
● 必要に応じて、仕事における発話量を少し減らすなどの調整をします。

⑤ 困難や不安が強い場合は、子どもや保護者と相談する機会を設け、実施手法や支援、配慮の希望を尋ねます

● 不安や困難が強くどうしてもできないと子どもが感じている場合は、その活動をしなくてすむようにします。
● 個別の配慮をします。

例 放送委員会の放送原稿や全校集会の発表原稿などの変更を認める。

放課後、子どもと先生とで練習するなど。

これから
お昼の放送を
始めます

● 言いやすい内容に変更し練習する。

17 「縦割り班の活動」での対応

6年生のぼくは、2学期のそうじ縦割り班の班長になった。班長になると、最後に反省会の司会をしないといけない。司会なんてやったことないし、吃音があるのにちゃんとできるか不安。

そ、そ、そ、そうじの、は、は、は…んせいかいを

　登校、遠足、そうじ、避難訓練などは、学年をまたいだ縦割り班で行なわれる場合があります。縦割り班の活動は、普段の関わりがなく、吃音の知識や理解の乏しい他の学年の子どもと行ないます。そのため、これらの子どもから吃音の話し方を笑われたり、早く話すよう急かされたりする場合があります。

　また、上級生というだけで班長などの責任のある役割が機械的に割り当てられることもあります。そうなると、吃音のある子どもは大きな不安や困難を抱えることになります。

こんなサポート

❶ 活動の内容や方法を変えます

● 自己紹介をなくしたり、発話以外の方法（名刺を交換するなど）に変更したりします。
● そうじのチェックリストの吃音で言いにくい文言の変更を認めます。

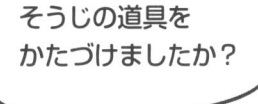

そうじの道具を
かたづけましたか？

ありがとう
ございます

● 名刺で自己紹介する。　　　　　　　　● 言いやすいチェックリストで行なう。

❷ 縦割り班の活動を担当する先生との連携を図ります

● 縦割り班の活動を担当する先生と子どもの状態や必要な支援・配慮について情報交換します。
● 吃音のある子どもの困難に配慮した縦割り班の活動の運営をします。
● 吃音で言葉が出てこない時は、急かさず、言葉が出るまで待ちます。
● 吃音の話し方を笑ったりからかったりしないようにします。

❸ 困難や不安が強い場合は、子どもや保護者と相談する機会を設け、実施手法や支援、配慮の希望を尋ねます

● 仲の良い子どもと一緒の班にするなど、縦割り班のメンバー構成を考慮します。
● 不安や困難が強くどうしてもできないと子どもが感じている場合は、その活動をしなくてすむようにします。

18 「入学式・卒業式」での対応

卒業式では、6年生全員で呼びかけをする。呼びかけは、みんなで話す部分と1人で話す部分がある。みんなで話す部分は大丈夫だけど、1人で話す部分はどもらないかとても心配。言葉が出なかったら、みっともないし、みんなに迷惑をかけてしまう。

次だ

たのしい思い出！

　多くの吃音のある子どもにとって、入学式は不安や困難の大きい行事です。初めての場所でただでさえ緊張するのに加え、吃音のある子どもは呼名への返事などがどもらないかという他の子どもにはない不安も抱えています。さらに、入学式でどもると学校生活のスタートから先生やクラスの人に「変な子」と思われると心配する子どももいるでしょう。

　卒業式も、多くの吃音のある子どもにとって不安や困難が大きい行事です。とくに、厳粛で失敗が許されない雰囲気の中、在校生や保護者、来賓など大勢の人の前で話さなくてはいけない「呼びかけ」での単独のセリフなどは、困難度が高い活動となります。

こんなサポート

1 ### 子どもの困難に配慮した式の運営をします

- ●大きな声で話す、はきはきと話すなどに価値を置きすぎないようにします。
- ●吃音で言葉が出るのに時間がかかるのを許容します。
- ●発表の仕方でなく、内容が大切であることを伝えます。
- ●入学式、卒業式に向けてのプロセス（「呼びかけ」の原稿作りに一生懸命取り組む、返事や呼びかけをくり返し熱心に練習するなど）も重視します。

2 ### 発表原稿の内容や読み方の工夫をします

- ●「呼びかけ」の吃音で言いにくいセリフを言いやすい言葉に変えます。
- ●ゆっくり話すなど、吃音になりにくい話し方で話します。

3 ### 困難や不安が強い場合は、子どもや保護者と相談する機会を設け、実施手法や支援、配慮の希望を尋ねます

- ●単独での呼びかけを免除したり、2人での呼びかけに変更したりします。
- ●個別の練習の場を設けます（放課後、子どもと先生とで練習するなど）。
- ●当日、子どもが言いにくい箇所を、先生がさりげなく斉読します。

19 「他の子どもからの指摘」への対応

仲良しの友だちに、「どうして『そ、そ、それ』って言うの?」「どうして、言葉が出てくるまでに時間がかかるの?」って質問された。私も、どうしてなるかなんて知らないし、どう答えたらいいかわからない。

どうして「そ、そ、それ」って言うの?

　幼稚園の年長クラスから小学校の低学年ぐらいの時期になると、他の子どもに吃音を指摘されるようになります。吃音のある子どもの中には、これらの指摘によって自身の吃音に初めて気づく子どもがいます。また、子ども自身もわからない吃音の原因を尋ねられり、自分ではどうすることもできない吃音の話し方を変えるように言われたりすることに、困惑したり傷ついたりする子どももいます。そのため、指摘されたことを家に帰って母親などに泣きながら話したり、だれにも相談できず1人で悩んだりします。

　一方、これらの指摘の多くは、自分と違う吃音の話し方への純粋な疑問や、「変な」話し方を治してあげたい親切心によるもので、指摘をする子どもに悪気があるわけではありません。そのため、指摘した子どもには吃音の説明をする、吃音のある子どもとの望ましい接し方を伝えるなど、吃音の理解の促進を図る必要があります。

こんなサポート

 ❶ 吃音のある子どもの困惑や苦痛の理解、共感に努めます

- 子どもの困惑や苦痛に耳を傾けます。
- 「吃音は悪いこと、ダメなことではない」ことや、先生は吃音のある子どもの味方であることを伝えます。
- 困ったことがあったら、相談にのったり、解決をめざしたりすることを伝えます。
- 他児の吃音の指摘への困惑や苦痛が強い子どもには、面会の機会を作り、じっくりと話を聞きます。

❷ 指摘した子どもへの吃音の理解促進を図ります

- 事前に吃音のある子ども本人や保護者と十分相談し、同意を得た上で行ないます。
- 指摘した子どもへの説明の仕方を考えます（吃音のある子どもが自分で説明する、担任の先生から指摘した子どもだけに説明する、担任の先生からクラス全体に説明する、など）。
- 吃音のある子どもと一緒にどのように説明したらいいかを考えます（私もよくわからないんだ、癖なんだ、病気みたいなものなんだ、吃音っていうんだ、など）。
- 吃音のある子どもとの望ましい接し方を説明します（「急かしたりしないで最後まで話を聞いてね」「言葉がすぐに出てこない時は、出るまで待ってね」「吃音のことを笑ったり、からかったりしないでね」など）。

先生からA子さんに話そうと思っていますがどうですか？

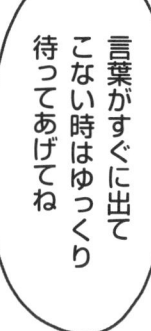

言葉がすぐに出てこない時はゆっくり待ってあげてね

わかりました

A子

第2章 学級担任による子どもへの対応と支援

20 「他の子どもからのからかい」への対応

今日、隣の席の子に、「ぼ、ぼ、ぼく」と言われた。初めは何でそんなこと言うのかわからなかったけど、しばらくして、ぼくの話し方をまねしているのだと気がついた。これまで、「ぼ、ぼ、ぼ」なんて変な話し方していたんだと思うと、恥ずかしくてたまらない。しゃべるのが恐くなった。

最近、同じクラスの男子数名に、吃音の話し方をまねされる。何度もやめて、って言うんだけど、それでもしつこくまねするので、とてもむかつく。からかいをやめさせるには、どうしたらいいんだろう。

お、お、お、おっおはようございます

やめて

　吃音へのからかいは、本来あってはならないことで、からかう子どもに完全に非があります。しかし、吃音のある子どもの中には、「どもる自分が悪いんだ」「どもるから、からかわれても仕方ないんだ」と思っている子どももいます。そして、からかわれることを相談できず、1人で悩み苦しんでいる子どもも少なくありません。一方、からかう子どもの中には、吃音のことをよく知らずに、言葉を噛んだだけと誤解していたり、軽い気持ちでついからかってしまっただけだったりする子どももいると考えられます。

　からかいを解決するには、からかう子どもだけでなく、結果的にからかいを許してしまっている傍観者の子どもに対する指導も重要です。そこで、吃音のある子どもや保護者と相談しながらクラス全体に対して、吃音に対する理解の促進を図ります。

こんなサポート

 「吃音へのからかいを許さない」学級運営をします

- 本人の努力でどうしようもできないこと（吃音だけでなく、身体のあざや身長、運動能力などを含む）をからかうことを許さないというスタンスで学級運営をします。

 子どもの不安や困難、怒りの理解、共感に努めます

- 「吃音は悪いこと、ダメなことではない」ことや、からかう方に非があり、からかわれる方（吃音のある子ども）に非がないこと、先生は吃音のある子どもの味方であることを伝えます。
- 困ったことがあったら、相談にのったり、解決をめざし努力したりすることを伝えます。
- 吃音でからかわれたことの不安や困難、怒りが強い子どもには、面会の機会を作り、じっくりと話を聞きます。

 吃音のある子どもが伝えたいことを確認します

- 吃音のある子どもに、からかった子どもに伝えたいこと（とくにない、もうからかわないで欲しい、仲良くして欲しいなど）を尋ねます。
- 吃音のある子どもや保護者と相談して決めた方法で、からかった子に伝えます。
- **例** 担任の先生同席のもと吃音のある子どもとからかった子どもとで話し合う、吃音のある子どもがいないところで担任の先生からからかった子どもに伝えるなど。

 クラス全体の吃音への理解促進を図ります

- 吃音のある子ども本人やその保護者と十分相談し、同意を得た上で行ないます。
- 吃音のある子どもや保護者と相談して決めた方法でクラス全体への説明をします。
- **例** 吃音のある子どもが自分で説明する、吃音のある子どもがいないところで担任の先生から説明する、吃音の子どもがいるところで担任の先生から説明するなど。
- クラス全体に対し、「本人の努力でどうしようもできないことへのからかいを先生は許さないこと」や、「からかう方に非があり、からかわれる方には非がないこと」を伝えます。
- 吃音のある子どもと一緒にからかった子どもにどのように説明したら良いかを考えます。
- **例** どうしてなるかはよくわかっていない、癖みたいなもの、病気みたいなもの、吃音っていうもの、など。
- 吃音のある子どもとの望ましい接し方も併せて説明します。

21 「他の子どもとの関わりが少ない時」への対応

休み時間に友だちと遊びたいけど、どもるのが恐くて自分から声をかけられない。だから、遊べるのは友だちが誘ってくれた時だけ。吃音さえなければ、自分からどんどん誘えるのにな。

休み時間は、いつも、本を読んで過ごしている。クラスの人は、ぼくを読書好きと思っていて、遊びに誘われることはほとんどない。本当は、みんなと一緒におしゃべりしたり、遊んだりしたいんだけどな。

　　吃音のある子どもの中には、休み時間を1人で過ごすなど、他の子どもとの関わりが少ない子どもがいます。このような子どもの中には、単に読書や絵を描くことなどが好きという子どももいます。しかし、どもることへの予期不安や吃音への劣等感から、他の子どもとの関わりを避けている子どももいます。

　　このような子どもの中には、他の子どもと関われない原因が吃音にあると捉え、「吃音がある自分は、友だちとうまく関われない」と悩み苦しんでいる子どもがいます。また、他の子どもと関わる経験が少ないため、孤独を深めたり、対人関係のスキルが乏しかったりする子どももいます。

こんなサポート

① **学級活動の中で、子ども同士の関係を強化する活動をします**

- 構成的グループ・エンカウンター（＊1）に基づくショートエクササイズなどのグループ活動を行ないます。

例 「すごろくトーキング」……グループごとに、マス目に「好きな食べ物」「趣味」「好きな季節と理由」などのテーマが書かれたすごろくをする。

「いいところ探し」……まずグループのメンバーについて相手のいいところだと思った『事実』と自分の『感想』を書き、次に先生が内容を確認した上で、本人に配り感想を話し合う。

「他己紹介」……2人組のペア活動をした後に、ペアの相手になりきって一人称で相手の紹介をする。

「得意なこと・できること紹介」……グループのメンバーに、自身の得意なこと・できることについて話し、他のメンバーから肯定的な感想やコメントをもらう。

- 帰りの会や学級通信などで、子ども1人ひとりを紹介したり、良いところを伝えたりします。

② **クラスの中で、吃音のある子どもが孤独感を感じないですむような配慮をします**

- 授業での任意のグループ分け（好きな子ども同士で3人グループをつくるなど）や遠足のバスの席、お弁当の時間などに、吃音のある子どもが孤立しないよう配慮します。
- 昼休みの「おにごっこ大会」など、クラスの子どもが気軽に参加できる企画を行ないます。

（＊1）構成的グループ・エンカウンター：リーダーが用意したプログラムによって作業・ゲーム・討議をしながら、こころのふれあいを深めていく方法です。クラスの中で使えるさまざまなエクササイズが考案されています（國分ら ,2018）。

22 「進級・進学先への引き継ぎ」の対応

今年の担任の先生は、ぼくが話しやすいように日直当番のやり方を変えたり、吃音をからかう人を注意したりしてくれた。来年の先生も同じようにしてくれたらいいな。

来年度も、今年の先生みたいに、吃音の相談をちゃんと聞いてくれる先生が担任になりますように。

　進級、進学のある4月は、慣れ親しんだ環境やこれまで受けてきた支援・配慮が、リセットされます。そのため、吃音のある子どもの不安や緊張が高まりやすくなります。とくに、これまでのクラスが安心できる雰囲気だったり、担任の先生から適切な支援・配慮を受けてきた場合は、新しい学年になっても、安心できる雰囲気か、新しい担任の先生が同じような支援・配慮をしてくれるか不安になります。

　また、保護者の中には、進級のたびに、子どもの吃音の状態や支援・配慮の要望をくり返し伝えなくてはいけないことにしんどさを感じている方がいます。

　子どもと保護者の不安やしんどさを軽減するために、進級・進学の際に、次年度の担任の先生などに、子どもの吃音の状態やこれまでの支援・配慮の実施状況を確実に引き継ぐ必要があります。

こんなサポート

❶ 次年度の担任の先生への引き継ぎをしっかり行ないます

- 次年度の担任の先生に、子どもの状態や実施した支援・配慮とその成果などを伝えます。
- 通級指導教室や外部の専門家（病院の言語聴覚士など）からの助言や所見などがある場合は、それらも引き継ぎます。

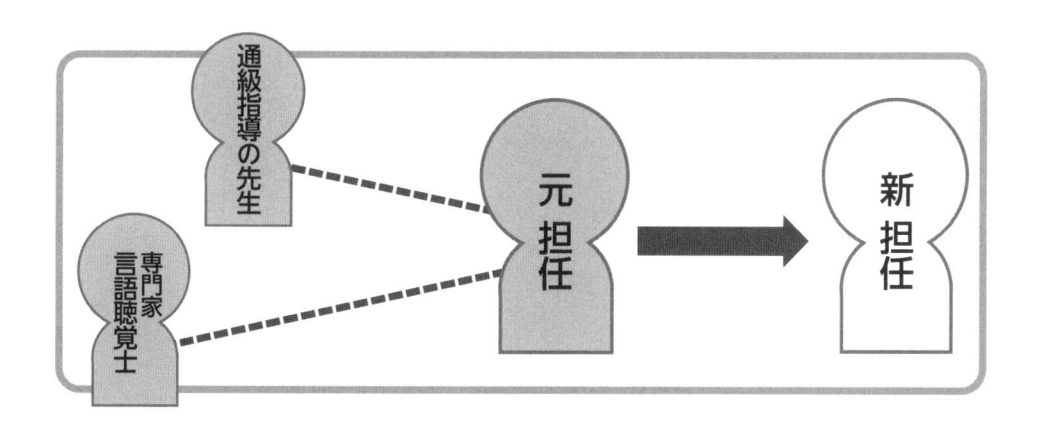

❷ 必要に応じて、次年度、子どもと関わるすべての先生と情報共有を行ないます

- 学年会や特別支援教育校内委員会で子どもの状態と必要な支援・配慮について情報共有します。
- 個別の指導計画や個別の教育支援計画（➡ 124 ページ）を作成している場合は、これらの当該年度の欄に、子どもの状態や実施した支援・配慮の概要を記載します。

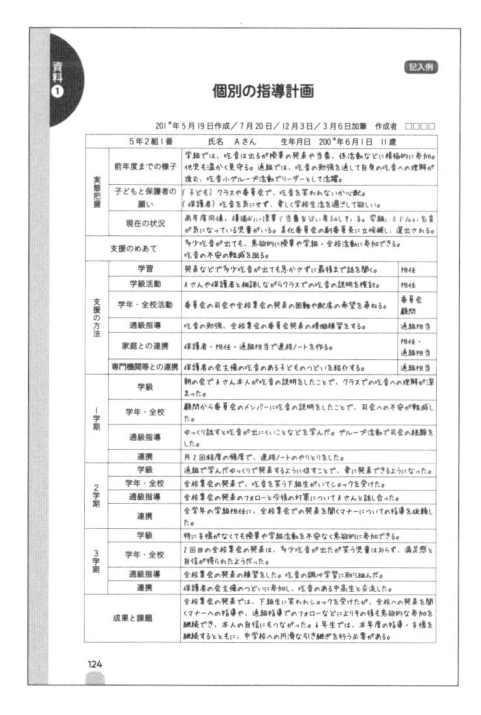

23 「部活動」への対応

野球部の先輩はぼくの吃音のことを知らないので、ぼくがどもると、「ちゃんと話せ」と注意したり、「大丈夫か?」と心配してくれたりする。そうすると余計に緊張して、もっと話しにくくなる。

それから、練習や試合では、「センター」、「ホーム」、「ドンマイ」などと大きな声でタイミング良く言わなくてはいけないが、うまくできない。そのため、「もっと大きな声で」、「言うのが遅い」と注意され、辛い。

　課外活動である部活動には、先輩後輩関係がある、顧問の先生が担当するなど、クラスの活動とは多くの点で異なります。そのため、吃音のある子どもの中には、クラスで大丈夫でも、部活動には大きな不安や困難を感じる子どもがいます。とくに、体育館や校庭など広い場所で、かけ声などを大きな声でタイミング良く出さないといけない運動部の子どもは、より困難が大きくなります。

　また、多くの部活動では、対外試合など、他の学校の先生や子どもと関わる場面があります。これらの場面では、多くの吃音のある子どもにとって不安や困難の大きい自己紹介や初対面の人との会話が求められることがあります。その場合、どもらないで言えるかが気になって試合に集中できなくなる子どももいます。

こんなサポート

 部活動の顧問の先生との連携を図ります

●顧問の先生と子どもの吃音の状態や必要な支援・配慮について情報交換します。
●対外試合など吃音の不安や困難が高まりそうな活動を行なう際は、より緊密に情報交換します。

吃音のある子どもの困難に配慮した部活動運営をします

●大きな声で言うことやタイミング良く言うことに価値を置きすぎないようにします。
●早く話すように促したり、吃音の話し方を注意したりしないようにします。

 部活動の活動内容や実施方法を変えます

●ジョギングのかけ声の先導などを2人で声を合わせて行ないます。
●必要に応じて、部活動での発話量や内容を調整します（少し減らすなど）。

 困難や不安が強い場合は、子どもや保護者と相談する機会を設け、実施手法や支援、配慮の希望を尋ねます

●対外試合の主催者に吃音のことを伝え、配慮を求めます。
●部員に吃音の説明をする機会を設けます。

24 「英検・入試の面接試験」への対応

受験番号と氏名を
教えてください

・・・・

ぼくが受験する高校の入学試験は、面接試験がある。ぼくは、挨拶の言葉や自分の名前、数字が言いにくいので、「失礼します」「よろしくお願いします」「ありがとうございました」などの言葉とか、受験番号や名前がどもらないかとても心配。面接試験のことを考えると不安になって、筆記試験の勉強が手につかなくなる。

　面接試験は、吃音のない子どもにとっても緊張や不安の大きい課題です。思うように話せない吃音のある子どもの場合、その緊張や不安はより大きくなります。そのため、試験の何カ月も前から強い不安を感じ、面接試験と関係ない筆記試験の勉強も身が入らなくなってしまう子どももいます。

　英検では「障がい者に関する特別措置」において、受験申込時に「特別措置申請書」を提出した吃音症などの音声言語障がいのある者に、発話への配慮（話がつまる、大きな声がでないなどの状況を面接委員に伝え、注意して聞く）の特別措置をしています（2019年8月現在）。また、中学校や高校、大学の中には、面接受験に際し、障害による配慮が必要な受験生に対する特別措置や配慮の申請を受け付けているところがあります。子どもの面接試験への不安や困難が強い場合は、これらの利用を検討しましょう。

こんなサポート

❶ 面接試験のポイントを確認します

- スラスラ話せるかではなく、英語のスピーチ力や入学の志望意欲を伝えられているかなどが大切であることを確認します。
- 英語のスピーチ力を高める勉強をしっかりします。
- 受験校への志望動機をしっかり考え、簡潔にわかりやすく伝えられるようにします。

ぼくは高校3年間で部活も勉強もがんばりたいので、両方充実している○○校に行きたいと思いました。

❷ 面接試験の模擬練習をします

- 本人の希望を聞きながら、できるだけ多く練習の機会を設けます。
- 志望動機の内容をきちんと考えたり、礼節や態度に気をつけるなど発話の流暢性以外の側面の指導も重視したりします。
- 練習後は、面接に対する自信や意欲を高めるために、問題点や課題だけでなく、できていた点や良かった点もフィードバックします。

❸ 困難や不安が強い場合は、子どもや保護者と相談する機会を設け、実施手法や支援、配慮の希望を尋ねます

- 特別措置や配慮の申請の必要性について相談したり、申請の手続き（必要書類など）を確認したりします（申請にあたり医師等による診断書や、在籍校でのこれまでの特別な支援・配慮の実績報告書などが必要な場合があります）。

息子が幼児から中学生までのこと

保護者
すずきさん

　私には、3人の子どもがおり、今年20歳になる3番目の息子に吃音があります。私が息子の吃音に気づいたのは、3歳を過ぎた頃に、ある人に話し方を指摘された時でした。しかし、当時の私は、「吃音」という言葉を聞いたことがなく、だれに相談したらいいか、どのように対処すればいいか、まったくわかりませんでした。そのこともあり、私は、息子の吃音が受け入れられず、どもりながら園であったことを楽しそうに話す息子に「しゃべらないで」と言ってしまったことがありました。その時の息子の驚きと悲しみが混じった表情は、15年以上たった今でも鮮明に覚えています。

　息子が4歳になる少し前に、病院の言語聴覚士の先生の診察を受けました。今では考えにくいのですが、その先生は「お母さんのせいですね」とはっきりと言われました。その言葉に私はとてもショックを受け、「私のせいなんだから、私が息子の吃音を治さないといけない」と自分を追いつめました。

　そんな時、わらにもすがる思いで訪れた大学の教育相談室の先生に「お母さんのせいではないですよ」、「お子さんの吃音は、治らないかもしれません」と言われました。これを聞いた時、私は、気持ちがとても楽になりました。「治らないかもしれない」は、普通ならショックな言葉だと思うのですが、その時の私は、「息子の吃音を無理に治そうとがんばらなくていいんだよ」と言われたように感じたのです。

　そして、私は、「これからは、家庭でも、学校でも、息子が楽しく生活していけるように考えればいいんだ」と気持ちを切り替えました。闇の中から抜けたような気持ちでした。

　私は、息子が小学生の時、次のようなことをしました。

・入学前に教頭先生との面談の機会を作ってもらい、大学の教育相談室の先生に書い

てもらった息子の吃音の状態と学校での配慮事項が書かれた所見を持参し、小学校の先生全員に回覧して読んでもらうようにお願いしました。

・担任の先生には、特別扱いをする必要はないが、息子が困っている時は配慮や支援をして欲しいとお願いしました。

・学年最初の懇談会で、同じクラスの保護者に、息子の吃音について説明し、家で息子の吃音の話題が出た時は「個性のひとつ」と話して欲しいとお願いしました。

・PTA の役員などを積極的に引き受けました。PTA の役員などになり、校長先生や教頭先生などと直接話せる関係を作っておけば、何かあった時に迅速に対応してもらえると考えたからです。

　小学校では、いろいろなことはありましたが、先生や友だちなどの支えもあり、息子はあまり吃音で困ることなく元気に学校に通っていました。それが、中学校に進学する春休み、他の小学校を卒業した初めて会う生徒と一緒になることに不安を覚えた息子は、「吃音を治して欲しい！」と訴えました。その時は、父親が息子とふたりきりで話をしてくれました。また、他のきょうだいも息子のことを励ましてくれました。息子の吃音への不安を家族全員で受け止め、支え合ったことで、私たち家族の絆はぐんと深まりました。

　中学校では、小学校同様、担任の先生に吃音のことを伝えました。しかし、小学校の時と違い、どのような配慮や支援をして欲しいか具体的なことはお願いせずに、息子に任せることにしました。息子は、本当に困ったことは私や父親にちゃんと話してくれたので、その都度、しっかり話を聞いた上で、励ましたり、アドバイスをしたりしました。

　そんな息子も、いつの間にか社会人となりました。高校を卒業した時、息子は「おれが吃音があっても前向きでいられたのは、家族のおかげだよ。とくにお母さんには感謝している。本当にありがとう」と言ってくれました。この時は、本当に嬉しかったですし、私の中で一区切りついたように思いました。

　息子が子どもの時と違い、今は、新聞やテレビで吃音が取り扱われることが増えてきました。それに伴い、少しずつですが、ことばの教室や病院などの吃音を相談できる場が増えたり、学校の先生の吃音への理解が進んだりしています。また、保護者同士で子育ての悩みを打ち明けあったり相談しあったりできる、吃音のある子どもの保護者の会が全国各地で開催されています。

　小中学生の保護者の方には、これらのことを知っていただき、かつての私のように1人で悩むのでなく、いろいろな人に相談して欲しいです。

ことばの教室・言語聴覚士などによる子どもへの対応と支援

こんな困難&こんなサポート

1 吃音のある子どもは どこで支援が受けられるか?

私は、週に1回、隣の小学校にあることばの教室に通っている。ことばの教室では、吃音の勉強や吃音になりにくい話し方の練習をしたり、私の苦手な国語の教科書の音読の練習をしたりしている。ことばの教室の先生は、とてもやさしくて、私の吃音の悩みを聞いたり、アドバイスしたりしてくれたりする。

私の息子は、小さい時から近くの病院の言語外来に通い、言語聴覚士の先生に息子の吃音や子育てのアドバイスをいただいたり、園や学校の先生宛てに息子の吃音への対応について所見を書いていただいたりしている。今後も、息子の吃音で悩むことがあるだろうが、先生に相談すればよいと思うと安心できる。

ぼくは、吃音のセルフヘルプグループ(成人の当事者の会)がやっている子どものつどいに毎回参加している。つどいには、小学生から高校生までの吃音のある子ども、保護者、ことばの教室や言語聴覚士の先生、吃音のある大人などが参加している。つどいでは、どもるのを隠さなくていいし、吃音のある仲間と話すと何だかほっとする。

　吃音のある子どもの支援の場には、言語障害特別支援学級や通級指導教室(通称「ことばの教室」)や医療機関での言語聴覚療法、市区町村が設置した教育センターなどでの教育相談、スクールカウンセラーによる相談面接、当事者の会によるつどいなどがあります。

　ことばの教室や医療機関は、吃音のある子どもへの専門的な支援を担う中核の場です。吃音の評価、保護者への不安・悩みの相談、学級担任などへの吃音の対応についての助言、吃音のある子どもへの専門的な指導などが行なわれます。

　吃音のある人の当事者の会では、子どものつどいを開催している場合があります。普段会うことのない自分以外の吃音のある子どもや大人に出会ったり、吃音のある者同士で悩みを相談しあったりできます。また、保護者同士で悩みを分かち合ったり、先輩の保護者や当事者の成人からアドバイスをもらったりもできます。

こんな支援の場

❶ ことばの教室

- ●ことばの教室とは言語障害特別支援学級と言語障害通級指導教室のことで、小・中学校に設置されています。
- ●週に1〜2時間程度、障害に応じた特別な指導を行ないます。2017年現在、全国で37,561人の子どもがことばの教室を利用しています（文部科学省）（＊1）。
- ●自分の通う小・中学校にことばの教室が設置されていない場合は、同じ市区町村にある別の小・中学校のことばの教室に通うことができます。
- ●ことばの教室担当教員による、自立活動（＊2）に基づいた個別指導（一部グループ指導）が行なわれます。
- ●自立活動では、子ども1人ひとりの障害の状況や発達の段階などを踏まえて作成される「個別の指導計画」に基づいた指導を行います。その内容は、単に障害の改善・克服だけでなく、学習指導要領の教育理念である「生きる力」の育成をめざし、障害による学習上生活上の困難の改善・克服や自立を図るために必要な知識、技能、態度および習慣を養うこととされています。

この意見に賛成の人

（＊1）文部科学省ホームページ [http://www.mext.go.jp]

（＊2）自立活動：特別支援学校学習指導要領にある個々の障害による学習上または生活上の困難を改善・克服するための指導を狙って設定された領域です。健康の保持、心理的な安定、人間関係の形成、環境の把握、身体の動き、コミュニケーションの6区分の指導内容から構成されます。特別支援学級や通級指導教室の教育課程の編成においては、自立活動の内容を取り入れることが推奨されています（特別支援学校学習指導要領解説自立活動編（幼稚部・小学部・中学部・高等部）文部科学省、2008より）

第3章

ことばの教室・言語聴覚士などによる子どもへの対応と支援

医療機関（病院、診療所、療育センターなど）

- 耳鼻咽喉科や小児科、リハビリテーション科などで、吃音の「言語聴覚療法」が実施されている場合があります（現時点では吃音の言語聴覚療法を実施する医療機関は限られており、今後の拡充が望まれます）。
- 言語聴覚療法では、言語障害（脳卒中後の後遺症で起こる失語症や小児の言葉の発達の遅れ、自閉症などの対人コミュニケーションの障害など）や発声発語障害（脳卒中の後遺症や幼児期の構音障害、吃音、かすれ声やしわがれ声といった音声障害）、聴覚障害、嚥下障害（咀嚼（食べ物を噛む）や嚥下（食べ物や飲み物を飲み込む）の障害）の評価や訓練、指導、助言、その他の援助を行ないます。「言語聴覚士」という国家資格を持つ専門職が主に担当します（＊1）。
- 言語聴覚療法では、主治医による診察や言語聴覚士による言語訓練などが行なわれます。

 ## 教育センターやスクールカウンセラー

- 都道府県や市区町村が設置した教育センターの中には、教職員や医師、公認心理師、臨床心理士、スクールカウンセラーなどによる教育相談を行なっているところがあります。
- スクールカウンセラーとは、小中高等学校に配属されている心理の専門職です。子ども本人や保護者、教職員への相談面接（カウンセリング、コンサルテーション）を中心的な業務としています。スクールカウンセラーは、主に公認心理師や臨床心理士、精神科医、臨床心理を専門とする大学教員が担当しています。スクールカウンセラーを配属する学校は中学校を中心に徐々に増えているものの、すべての学校に配属されているわけではありません（＊2）。

 ## 吃音のある人の当事者の会や吃音のある子どもの保護者の会などによるつどい

- 吃音のある人の当事者の会や吃音のある子どもの保護者の会（➡ 141 ページ）などの中には、吃音のある子どものつどいを開催している会があります。
- 多くの場合、ことばの教室の担当教員や言語聴覚士などがスタッフとして参加しています。
- 吃音のある子ども同士だけでなく、当事者の会などに所属する吃音のある成人と交流できる場合があります。また、保護者同士の交流の場が設けられている場合もあります。

（＊1）一般社団法人日本言語聴覚士協会ホームページ [http://www.japanslht.or.jp]

（＊2）文部科学省ホームページ [http://www.mext.go.jp]

■ことばの教室での指導（言語障害）を受けている児童・生徒数（都道府県）

	都道府県	小学校	中学校		都道府県	小学校	中学校
1	北海道	2,884	100	25	滋賀	198	4
2	青森	260	−	26	京都	1,538	57
3	岩手	1,084	−	27	大阪	561	11
4	宮城	1,334	−	28	兵庫	321	2
5	秋田	191	1	29	奈良	219	−
6	山形	1,050	−	30	和歌山	170	−
7	福島	396	12	31	鳥取	99	−
8	茨城	365	−	32	島根	264	31
9	栃木	1,211	4	33	岡山	721	−
10	群馬	1,539	1	34	広島	630	1
11	埼玉	1,748	20	35	山口	774	10
12	千葉	3,932	2	36	徳島	109	−
13	東京	2,906	−	37	香川	22	−
14	神奈川	3,136	73	38	愛知	504	−
15	新潟	1,153	−	39	高知	85	−
16	富山	177	−	40	福岡	641	48
17	石川	285	22	41	佐賀	270	−
18	福井	64	13	42	長崎	364	−
19	山梨	445	7	43	熊本	292	−
20	長野	644	−	44	大分	80	−
21	岐阜	1.045	−	45	宮崎	315	1
22	静岡	1,122	−	46	鹿児島	643	−
23	愛知	623	1	47	沖縄	312	−
24	三重	408	6	計		37,134	427

（出典）文部科学省ホームページ [http://www.mext.go.jp]

第3章

ことばの教室・言語聴覚士などによる子どもへの対応と支援

2 吃音のある子どものアセスメント（実態把握と評価）

初めてのことばの教室の授業の時、先生から「『こ、こ、これ』みたいに始めの音をくり返したり、『……これ』みたいにつまったりして、困ることある?」と質問された。これまでこんな質問をされたことがなかったのでびっくりした。でも、質問してくれたおかげで、ずっと1人で悩んでいた吃音のことを先生に話せて、ほっとした。

ことばの教室の保護者面談で、これまでの生育歴や、子どもの吃音の心配や困っていることをお話しした。先生は、とてもやさしく、「大変でしたね」「お辛かったですね」などと言いながら私の話を聞いてくれた。とても話しやすかったし、先生が子どもの吃音を理解しようとしてくださっているのが嬉しかった。

絵カードに描かれたものの名前を言ったり、文章を音読したり、先生の質問に答えたりした。どもらないで言えたものもあったし、どもってうまく言えなかったものもあった。先生は、「これからのことばの教室の授業の内容を考えるために、あなたの吃音になりやすい、なりにくい場面や言葉を調べているんだよと教えてくれた。

　吃音のある子どもの指導の第一歩は、アセスメント（実態把握と評価）です。アセスメントでは、子どもや保護者の困難やニーズを尋ねるとともに、吃音（言語症状、心理症状）、全般的な発達（認知発達、運動発達、言語発達など）、気質や性格傾向、子どもを取り囲む環境（家庭、クラスなど）など、さまざまな側面の実態把握を行ないます。また、問題のあることやできないことだけでなく、得意なこと、好きなこと、優れたことも把握するなど、子どもの全体像の理解を行ないます。

　なお、アセスメントの一環として、毎日の生活の多くの時間を過ごすクラスでの様子を把握するために、学級担任の先生に、学校生活についての質問紙記入を依頼したり、授業参観、面談などの申し入れをしたりする場合があります。

アセスメントの方法

 子どもや保護者の困難やニーズを把握します

●面談や質問紙などから、子どもや保護者の困難やニーズを把握します。
（➡ 126、127、128 ページ）

 吃音の言語症状を把握します

●吃音検査法第 2 版（小澤ら ,2017）などから、吃音の言語症状の頻度や種類、吃音の出やすい／出にくい場面や言葉を把握します。

［吃音検査法］

　日本でもっとも広く使われている吃音の言語症状の評価法です。異なる発話の長さ（単語、文、文章）を含む自由会話（質問応答、モノローグ、自由会話、吃音の情報収集）、絵の課題説明（単語呼称、文・文章による説明）、音読課題（単語音読、文音読、文章音読）から構成されており、発話の非流暢性（吃音中核症状、その他の非流暢性）の特徴と頻度、随伴症状、工夫・回避、情緒性反応を評価します。

 吃音の心理症状を把握します

●面談や質問紙、行動観察などから、吃音への気づきや恥ずかしさなどの意識、予期不安、苦手な場面や語の回避、自己効力感や自尊感情の低下の状況などを把握します。

 全般的な発達を把握します

●行動観察や WISC-IV（日本版 WISC-IV 刊行委員会 ,2010）などの知能検査、LCSA（大伴ら ,2012）などの言語発達検査などから、認知発達や言語発達、運動発達の状況などを把握します。

 気質や性格傾向を把握します

●行動観察や TS 式幼児・児童性格診断検査などの性格検査（高木ら ,1997）、S-M 社会生活能力検査第 3 版（上野ら ,2016）などの社会性検査などから、気質や性格、情動機能の状況などを把握します。

 子どもを取り巻く環境を把握します

●子どもや保護者、学級担任の先生などへの面談や質問紙などから、家庭やクラスなど子どもを取り囲む環境の状況を把握します。

3 保護者への支援

 初回の面接の時に、言語聴覚士の先生から「お子さんに吃音が出たのは、お母さんの育て方が悪かったからではないですよ」とやさしくおっしゃっていただき、とても救われた。また、先生には、言語訓練のたびに、家庭での接し方について具体的な助言をいただき、助かっている。

 先日、子どもから「どうして私、『わわわ』ってなるの?」と質問された。でも、言語聴覚士の先生に「お子さんが自身の吃音に気づき、お母さんに相談してきたらどうするか考えておきましょう」とアドバイスをいただいていたので、慌てないで対応できた。

友だちにからかわれ泣きながら帰ってきた子どもが心配で胸が押しつぶされそうになっている私に、ことばの教室の先生は、私の話を最後までじっくり聞いた上で、親としてどうすればよいかていねいに教えてくれた。そのおかげで心が軽くなり、子どもの困難にきちんと向き合えた。

　ことばの教室や医療機関などでは、保護者を「第2のクライエント（支援対象）」と捉え、吃音の情報提供や家庭での対応についてのガイダンス、保護者自身の悩みへの相談などを行ないます。

　保護者の中には、「自分の育児が悪かったから子どもが吃音になった」と考えたり、他の家族などから責められたりしている保護者がいます。また、「子どもの吃音が治らなかったらどうしよう」、「吃音のことでいじめられたらかわいそう」など将来の不安を訴えたり、「子どもに吃音の指摘をしてもいいの?」など子どもへの対応に悩んだりする保護者もいます。さらに、子どもが他児から吃音をからかわれたり、自身の吃音に気づき質問してきた時に、どう対応したらよいかわからず困る保護者もいます。このような時に、専門的な見地から情報の提供や対応についての助言をする専門家は、保護者にとって頼りになる存在です。

支援法

 ① 保護者に専門的な見地から吃音の情報を提供します

- 子どもに吃音が生じたのは保護者の育て方が悪いからではないことを伝えます。
- 吃音の基本的な情報を伝えます（吃音とは、疫学、原因論など ➡ 10 ページ）。
- 子どもの吃音の状況について伝えます（吃音の言語症状や心理症状など ➡ 20、24 ページ）。
- 家庭での接し方ついて伝えます（子どもへの話しかけ方、子どもが吃音のことを相談してきた時の対応など ➡ 136 ページ）。

保護者からよくある質問の例

①**学校より家でたくさんどもっている。家の環境が良くないのではないか。**

➡ 多くの吃音のある子どもは、学校よりも家でたくさん吃音が出ます。吃音はほどよく緊張している時に一番出にくく、それよりも緊張が小さい、あるいは大きい時は多くなるようです。また、長い複雑なことを話したり、興奮して話したりする時も吃音は多くなります。そのため、家で吃音が多く出るのは、家の環境が悪いからでなく、一番リラックスできたり、学校であったことなど話したいことがたくさんあったりするからと考えられます。

②**最近、吃音の調子が悪い。何かあったのではないか。**

➡ 吃音の調子が変化する要因は、さまざまです。授業や学級活動がどもってうまくできない、友だちにからかわれるなどが要因になっている場合もあります。しかし、吃音で困る様子がなく、学校も楽しく通っているにもかかわらず吃音の調子が悪くなる場合もあります。この場合は、言語理解能力が伸び、一時的に言語表出能力との差が開いている（ ➡ 11 ページ）、学芸会や運営委員会などプレッシャーがかかる活動に意欲的に挑戦しているなどが要因になっているかもしれません。この場合は、言語発達の進展を待ったり、多少吃音があっても挑戦を励ましたりすることが必要になります。

---

 ② 保護者の悩みや相談への対応をします

- 保護者の悩みや相談をよく聞き、専門的な見地から助言をします。
- 保護者の悩みや相談の内容を、学級担任の先生などに情報提供したり、ことばの教室や医療機関の指導計画などに反映させたりします。

4 学級担任との連携

> ことばの教室の先生にクラスの友だちから吃音をからかわれたことを相談したら、「先生と一緒に、担任の先生に相談しない?」と言ってくれた。ぼく1人だと、担任の先生にどう相談したらよいかわからなかったので、ほっとした。

> ことばの教室の先生の提案で、ことばの教室の先生、担任の先生、保護者の私の3人で連絡ノートのやりとりをしている。ことばの教室の先生は指導の内容や子どもの吃音の調子など、担任の先生は授業や休み時間の様子や学級での気になる姿などを書いてくださる。連絡ノートのおかげで、ことばの教室やクラスでの様子がよくわかるし、家庭の様子や気になることを先生方にお伝えできるので助かっている。

> 小さい頃から子どもの吃音を診てくださっている言語聴覚士の先生は、就学にあたり、小学校の先生宛に所見を書いてくれた。所見には、これまでの診療の経過や吃音の状態、小学校での支援や配慮の提案が書かれていた。小学校の先生が所見を参考に吃音への理解や配慮をしてくれたおかげで、スムーズに小学校生活をスタートできた。

　ことばの教室や医療機関などでは、子どもが1日の生活の大半を過ごす学校で安心して過ごせるよう、学校生活を共に過ごす担任の先生と連携・協力しながら、子どもの学校生活の不安や困難の緩和・改善に取り組みます。

　吃音のある子どもの中には、担任の先生に自身の吃音の不安や困難をうまく説明できない子どもがいます。また、子どもの吃音の状況や学級での支援・配慮の要望を担任の先生にうまく伝えられない保護者もいます。そのような際に、ことばの教室や医療機関などの先生は、担任の先生に、子どもや保護者の代弁をしたり、専門的見地からの情報提供や助言をしたりします。また、担任の先生が子どもの現状にあった効果的な支援・配慮ができるよう、相談に応じたり助言をしたりします。

指導の方法

 ① 学級担任に子どもの吃音の状況やことばの教室・医療機関での指導・訓練についての情報提供をします

- ●吃音の基本的情報……吃音とは、疫学、原因論など。
- ●子どもの吃音の状況……吃音の言語症状や心理症状など。
- ●ことばの教室・医療機関での指導・訓練……指導・訓練の目標や内容、方法など。

 ② 子どもや保護者の思いや要望を代弁します

- ●子どもや保護者と担任の先生との面談などに同席します。
- ●担任の先生宛ての所見を提出します。
- ●担任の先生、ことばの教室の先生の2者、あるいは担任の先生、ことばの教室の先生、保護者の3者で連絡ノートによる情報共有を行ないます。

連絡ノート

10月5日(火曜日)　　(ことばの教室担当　○○)

今日のことばの教室での活動を報告します。

・「吃音の調子」アンケート

今の吃音の調子は「少し良い」で、先週(「少し悪い」)より調子が良いようです。

今週の金曜日の日直当番で号令(特に「今から○○を始めます」の「い」)をうまく言えるか心配していました。できれば当番の前日に、心配なことはないか、号令は大丈夫か、相談してもらえたらと思います。

・吃音の勉強(吃音の出にくい話し方を考える)

どのような速さや声の大きさだと吃音が出にくいか、実際にさまざまな話す速さや声の大きさで話して確認しました。その結果、少しゆっくりの速さで少し小さい声で話すと良いことがわかりました。

・教科書の音読の練習

明日から新しく始まる「ごんぎつね」の1ページ目の音読の練習をしました。初めて読む文章はどうしても吃音が多くなってしまいますが、先ほど勉強した少しゆっくりと少し小さい声で読むように促したり、一緒に斉読で読む練習をしたりすることで、多少つまりますが、だい

ぶスムーズに読めるようになりました。

10月5日(火曜日)　　　　　　(母　△△)

今日は、ご指導、ありがとうございました。家で音読の宿題をする時は、早く終えたくてどうしても早口で話してしまうので吃音が多くなります。家でも、少しゆっくりで話すよう促したいと思います。

日直当番のことは、今週に入ってから家でも時々「心配だ」と話しています。「い」さえ出ればあとは大丈夫なようです。

10月6日(水曜日)　　　　　　(担任　□□)

ことばの教室での様子を教えていただき、ありがとうございます。「ごんぎつね」の音読の練習、ありがとうございます。国語の授業では、まずは、クラス全体で一斉に読む練習をしたいと思います。

日直当番について、心配しているのですね。前回の日直当番の時は、言い出すまで少し時間がかかることもありましたが、しっかりと号令をかけられていました。明後日が日直当番なので、明日相談してみます。

 ③ 学級担任に支援や配慮に関する相談や助言を行ないます

- ●学級担任の先生が支援・配慮計画を立案する際に、専門的な見地から相談に応じたり助言をしたりします。
- ●学級担任の先生が立案した支援・配慮計画を、ことばの教室や医療機関の指導・訓練に反映させます。

5 自分の吃音を知る学習

病院の言語訓練で、言葉のリハビリの先生が、「吃音は、悪いことやダメなことじゃない」、「吃音をからかうのはいけないことだ」って教えてくれた。ぼくはこれまで、吃音は悪いことだから、治さないといけないし、からかわれても仕方ないと思っていた。でも、そうじゃないってわかって嬉しかった。

今日は、ことばの教室で吃音の勉強をした。先生は、吃音には連発と伸発と難発があることや、吃音のある人が 100 人に 1 人いること、歌を歌ったり他の人と一緒に声を合わせて話したりする時は吃音が出にくいことなどを教えてくれた。私は、自分以外の吃音のある人に会ったことがないので、100 人に 1 人いると聞いてびっくりした。

今日のことばの教室の授業で、自分の吃音の研究をした。その結果、どもる時にのどと唇にギュッと力が入る、ア行とタ行から始まる言葉がどもりやすい、教科書を音読する時少しゆっくりの速さで読むとどもりにくいことがわかった。これまで自分の吃音について考えたことがなかったので、新しい発見が多かった。

　吃音のある子どもの吃音への不安を和らげたり、吃音の困難の軽減や改善に取り組む意欲を高めたりするには、まず、子どもに吃音についての正しい情報を伝える必要があります。また、自身の吃音の状態を的確に把握できるように子どもを支援することも大切です。

　吃音の学習は、「吃音は、悪いことやダメなことではない」と学ぶことから始めます。そして、子どもの年齢や吃音への意識の程度などを考慮しながら、言語症状や心理症状などの吃音の一般的な情報の学習をしたり、吃音が出ている時の身体と気持ちなどの自身の吃音の状態を把握したりします。

指導の方法

① ## 「吃音は、悪いことやダメなことではない」ことを学びます

- 吃音は悪いことやダメなことでない。
- 吃音をからかうことは、とても失礼で、いけないことである。
- 吃音でイヤなことや困っていることがある時は、1人で悩まずに、信頼できる人（保護者、先生、友だちなど）に話すと良い。
- 担任の先生は、吃音のある子どもの味方になって、からかう子を注意したり、吃音が出そうな時に助けたりしてくれる。
- ことばの教室や医療機関では、吃音の勉強や吃音になりにくい話し方の練習、発表や会話の練習など、吃音の軽減や改善に役に立つさまざまな取り組みができる。

② ## 吃音の一般的な情報の学習をします

- 吃音の言語症状……連発、伸発、難発など。
- 心理症状……予期不安、言い換えなど。
- 疫学の情報……100人に1人ぐらいいるなど。
- 原因論……原因はよくわかっていない、頭が悪かったり性格が弱かったりするのが原因ではないなど。
- 将来……俳優やニュースキャスター、スポーツ選手、教師、政治家などさまざまな職業で活躍している人がいるなど。

③ ## 自身の吃音の状態を把握します（ ➡ 126 ページ）

- 吃音が出ている時の身体の状況……呼吸の乱れ、のどの緊張、唇や舌の緊張、早い発話速度など。
- 吃音が出ている時の気持ち……予期不安、発話への不全感、恥ずかしさ、周囲の反応への心配など。
- 吃音の出やすい、もしくは出にくい音や言葉、場面。
- 吃音の回避行動……言い換えをする、答えがわかっても答えない、級友との関わりを避けるなど。
- 吃音に対する感情……嫌悪感や無力感、劣等感など。

6 スピーチセラピー（発話指導）

病院の言葉の訓練で、ゆっくりかめさんの話し方で、絵カードの名前を言ったり、教科書を読んだりする練習をした。かめさんの話し方だと、力が入らないで楽に話せるし、吃音にもなりにくい。

ことばの教室の先生と、わざとどもるゲームをした。わざとどもるゲームは、先生と交代で「連発、伸発、難発」の3つからなるルーレットを回し、出た目のどもり方で話すというものだった。最初はうまくどもれなかったけど、先生がどもっているのを参考に何度かやっているうちに、上手にどもれるようになった。

ことばの教室で、先生と声を合わせて読む「一緒読み」で教科書を音読する練習をした。一緒読みだとどういうわけかどもらないでスラスラ音読できる。ぼくが上手に音読できるので、先生は途中から小さい声や、ときどきしか声を出さない口パクの話し方で一緒読みをした。でも、先生の読み方が変わっても、最後までスラスラ音読できた。

吃音の言語症状の軽減や改善をめざすスピーチセラピー（発話指導）は、吃音のある子どもの指導の大きな柱のひとつです。これまで多くの研究者や臨床家によってスピーチセラピーの方法の開発がされてきました。しかし、残念ながら現時点ではすべての吃音のある子どもに有効なスピーチセラピー法は確立されていません。そこでスピーチセラピーは、現在提唱されているスピーチセラピー法から、子どもの吃音の現状にあった方法を選択したり、組み合わせたりして行ないます。現在、ことばの教室や医療機関で多く利用されているスピーチセラピー法には、流暢性形成法、吃音緩和法、統合法などがあります。また、吃音の出現を大幅に抑えることができる斉読法（子どもと指導者が声を合わせて読む）もよく利用されます（小林ら,2013）。

指導の方法

① 流暢性形成法

●流暢な発話をめざして行われる行動療法に基づいたスピーチセラピー法です。3つの段階から構成されます。

① 確立	かめさんのようなゆっくりとした発話、ぬいぐるみのようなのどや舌、唇などに力が入らないやわらかい発話などの、吃音になりにくい話し方を用いて流暢に話す練習をする。 
② 般化	さまざまな音や言葉、場面で吃音になりにくい話し方を用いて話す練習をすることで、流暢に話せる音や言葉、場面の拡大をねらう。
③ 維持	日常生活で流暢な発話が維持できるようフォローする。

吃音緩和法

● 吃音を恐れたり回避したりせずに、「流暢にどもる」（難発などの力の入った苦しい吃音にならずに、軽いくり返しや引き伸ばしなど楽な吃音で話す）話し方をめざすスピーチセラピー法です。4つの段階から構成されます。

① 確認	自身の吃音の言語症状に対する身体の状態や気持ちを正しく認識する。
② 脱感作	どもった時にどもったままの状態で発話動作を止め、その時の身体の状態や気持ちを内省したり、わざとどもるゲームなどの活動を通して吃音に対する無力感や否定的な感情を変化させたりする。
③ 緩和	軽くくり返したり伸ばしたりする楽などもり方などを使ってどもった状態から楽に抜け出す方法を習得する。
④ 安定	さまざまな音や言葉、場面でどもった状態から楽に抜け出す練習をすることで、吃音を恐れたり回避したりせずに発話できる音や言葉、場面の拡大をねらう。

 ## 統合法

● 流暢性形成法と吃音緩和法の双方の要素を組み合わせた方法です。

 ## 斉読法

● 子どもと指導者で、声を合わせて読みます。

● 子どもが流暢に読めるようになったら、指導者は斉読の声を小さくしたり、一部分だけ声を出し残りはロパクで読んだりするなどします。

リッカムプログラム

●行動療法に基づいたホームプログラムによるスピーチセラピー法です。もともとは幼児向けに開発されました。小学校低学年の児童に使用される場合もあります。リッカムプログラムでは、家庭で毎日 15 分程度、保護者による「ことばのゲーム」（絵カードに書かれたものの名前を言う、絵本を読むなどの発話活動）を行ないます。そして、その際の子どもの流暢な発話に「スラスラ言えたね」などのポジティブな反応をするとともに、子どもの吃音の一部（流暢な発話への反応の 1/5 程度）に「ちょっとはねちゃったね」、「スラスラで言える？」など中立的な表現で吃音を指摘したり、流暢な発話への修正を求めたりします（小林ら ,2013）。

 ## 遅延聴覚フィードバック装置（DAF）を用いた練習

●遅延聴覚フィードバック装置（DAF）とは、発話の際に自分の声が少し遅れて聞こえる装置です。吃音のある子どもの中には、DAF をつけると吃音が軽減する子どもがいます。このような子どもに対し、吃音にならず楽に話す経験を積ませるために、DAF を用いた発話練習をします。

7 子どもの心理病状への対応

ことばの教室の授業で、自分が話しているところをビデオに撮って見た。ビデオを見る前はいっぱいどもっていてみっともないんだろうなと思っていたけど、実際にビデオを見ると、どもってはいたけど、割と普通だった。先生も、声がはっきりしていて聞き取りやすいと言ってくれた。

今日は、ことばの教室で、「良いところ探し」をした。最初ぼくは、「どもるし、良いところなんて何もないよ」と思ったけど、先生が「この前の漢字テスト、100点だったじゃん」、「いつも一生懸命掃除していて偉いと思うよ」などと言ってくれたおかげで、自分の良いところに気づくことができた。先生がぼくの良いところをいっぱい見つけてくれて、嬉しかった。

　近年、吃音のある人への新しい指導法として、認知行動療法的アプローチが注目されています（小林ら,2013）。認知行動療法的アプローチでは、吃音への恥ずかしさや予期不安、自己有能感の低下などの吃音の心理症状に注目し、これらの根底にある不合理な考え方の変容などをめざします。

　また、吃音のある子どもの中には、吃音への劣等感から自身を不当に低く評価する子どもがいます。そのような子どもには、子ども自身が気づいていない良いところがたくさんあることや、うまく話せることがすべてではないことを気づかせるために、さまざまな観点から子どもの長所や特徴を考える活動などをします。

指導の方法

❶ 認知行動療法的アプローチ

- 吃音の言語症状を実際より悪く捉えている子どもの、自身の発話への客観視を促すために、話している場面をビデオに撮影して視聴したり、指導者が子どもの発話についてコメントしたりします。
- 「ぼくには吃音があるから、クラスの人はみんな、ぼくのことを嫌っている」などの不合理な考え方をしている子どもに、「論理療法」を参考に、不合理な考え方の変容を試みます。

> **論理療法**
>
> アルバート・エリスによって提唱された心理療法で、理性感情行動療法（REBT）と呼ばれることもあります。「吃音があると嫌われる」のような確たる根拠がなく自身を苦しめる「不合理な考え方（イラショナル・ビリーフ）」を、「吃音があっても、ほとんどの人は自分を嫌わない」のような論理的で自分の気持ちが楽になる「合理的な考え方（ラショナル・ビリーフ）」に変容させることをねらった取り組みです（石隈ら ,2005）。

❷ 子どもの長所や特徴を考える活動

- 『良いところ探し』……自身の得意なことや優れていることを、指導者などと一緒に考えます。
- 『他己紹介』……指導者からの、好きなことや苦手なこと、癖、性格などに関するインタビューを受けた後に、指導者がインタビューで得た情報を元に子どもの他己紹介をします。

得意な教科は
何ですか？

8 子どもと考える不安や困難への対応

> ことばの教室の先生にかけ算九九の口唱でどもってしまうと相談したら、「ゆっくりかめさん」の話し方だと言いやすいかもよ、と教えてくれた。そして、ゆっくりかめさんの話し方で口唱テストを合格にしてくれるよう、担任の先生にお願いしてくれた。

> 全校集会で委員会の発表をすることが決まった時は、どもらないでできるかとても心配だった。でも、ことばの教室の先生は、一緒に吃音になりにくい発表原稿を考えてくれたり、ことばの教室の授業で何度も発表の練習をしたりしてくれた。さらに、先生は、委員会の担当の先生に、私の吃音の説明もしてくれた。そのおかげで、少しどもったけど、全校集会で無事に発表できた。

> ことばの教室で、クラスの友だちから「どうして『ぼ、ぼ、ぼ』ってなるの?」って質問されて困った話をしたら、先生に「クラスで吃音の説明をしてみたら、みんなわかってくれるんじゃないかな」と言われた。そこで、担任の先生にお願いして、吃音の説明をすることにした。ことばの教室の先生は、クラスで配る吃音の説明プリントを作るのを手伝ってくれたり、説明の練習につきあってくれたりした。みんなの前での説明はとてもドキドキしたけど、みんな真剣に話を聞いてくれたし、担任の先生も「吃音のことを教えてくれてありがとう」って言ってくれた。

　吃音のある子どもは、学校生活の中で、さまざまな不安や困難に直面します。これらの中には、ことばの教室や医療機関でのスピーチセラピーや心理症状への対処などで得た知識やスキルで対応できるものもあれば、各クラスでの配慮（発表時間などの制限の緩和や、斉読読みの導入、どもりにくい言葉への置き換えの許容など）があって初めて対応できるものもあります。

　担任や委員会担当などの先生は、ことばの教室や医療機関と連携して、子どもが学校生活でどのような不安や困難を感じているか、ことばの教室や医療機関でこれらを軽減・改善するためにどのような取り組みがされているかについて情報を得たり、クラスの中でどのような配慮や支援ができるか検討したりする必要があります。

指導の方法

 ① 学校生活における不安や困難の実態把握

●聞き取りやアンケートなどをもとに、子どもが学校生活でどのような不安や困難を抱えているかを把握します。(➡ 126、127 ページ)

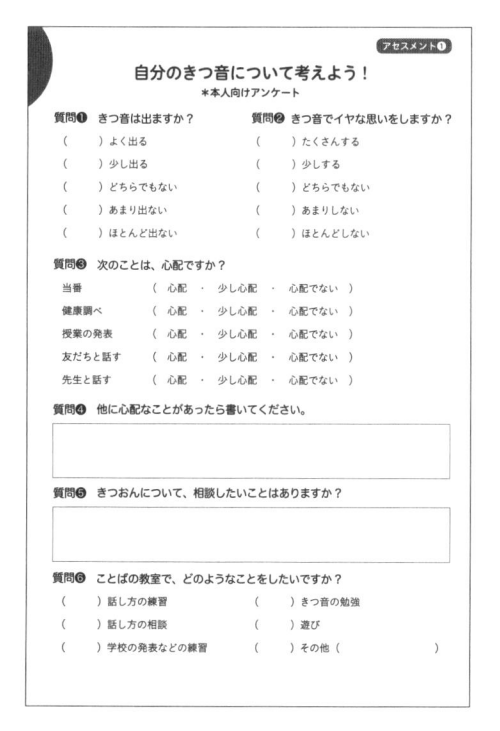
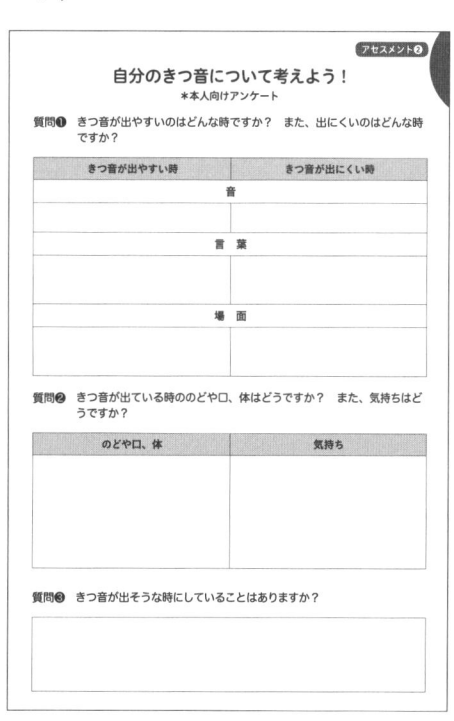

 ② 不安や困難に対する相談（作戦会議）

●子どもから不安や困難の訴えがあったら、子どもと一緒に、それらを軽減・緩和するには何をすればよいか考えます。

 ③ 不安や困難への対応

●作戦会議の結果に基づき、以下のような困難への対応を行ないます。

例 ことばの教室や医療機関で行なう……吃音が出にくい発表原稿を作る、吃音が出にくい発話方法を考える、発話練習をするなど。

担任の先生などと連携して行なう…担任の先生に子どもの学校生活における不安や困難と、ことばの教室や医療機関でのこれらに対する取り組みの概要を伝える。発表時間などの制限の緩和や、斉読読みの導入、どもりにくい言葉への置き換えの許容などの配慮・支援を検討するなど。

9 発話・コミュニケーションの指導

> ことばの教室の授業で、話しやすい、伝わりやすい話し方を考える勉強をした。ふつうの速さ、少しゆっくり、少し速い、とてもゆっくり、とても速いの5つの話し方のどれが一番いいか先生と考えた。その結果、少しゆっくりが一番話しやすく、伝わりやすいことがわかった。

> ぼくの通っていることばの教室では、子ども全員が参加し、1人ひとりやりたいことを発表する「何でも発表会」という行事がある。ぼくは、先生と相談して、「日本の新幹線」という発表をした。発表では、ドキドキして少しどもっちゃったけど、練習通りにちゃんと発表できた。みんな興味深そうに聞いてくれたので嬉しかった。

> ことばの教室の授業で、2分の1成人式のスピーチの練習をした。先生は、みんなにわかりやすいように少しゆっくり話した方がよいことや、口をはっきり開けてお腹から息を出すと伝わりやすいことなどを教えてくれた。最後に、「内容がとても良いし、話し方もすごく良くなったよ」と言ってくれた。本番のスピーチは保護者の人もいて緊張するだろうけど、今日みたいにできるようがんばりたい。

　発話やコミュニケーションでは、聞き手に自身の意見や気持ちが伝わるように話す内容や話し方を工夫したり、TPOや礼節に気をつけたりする必要があります。しかし、吃音のある子どもは、どもらないで話せるかだけを気にし、これらの工夫や意識が不足しがちです。

　吃音のある子どもの指導では、聞き手を意識した効果的な発話やコミュニケーションが行なえるように、自分が話しやすく相手にも伝わりやすい話し方を考えたり、実際に人前で話す経験を積んだりします。また、思い切り声を出す爽快さや、表現を工夫して表情豊かに話す楽しさを体感するために、さまざまな声色を用いたり、抑揚をつけて話したりする活動をすることもあります。

指導の方法

1 ### 話しやすい、伝わりやすい話し方を考える

- さまざまな発話速度（とてもゆっくり、少しゆっくり、ふつう、少し速い、とても速いなど）や声の大きさ（とても小さい、少し小さい、ふつう、少し大きい、とても大きいなど）の話し方を試し、どの話し方が話しやすい、伝わりやすいかを考えます。

2 ### さまざまな声色を用いたり抑揚をつけて話したりする活動をする

- いろいろな声色（やさしい、こわい、かなしい、ぞうさんみたい、ねずみさんみたいなど）が書かれたカードを用意し、子どもと先生で交互にカードに書かれた声色を使って話すゲームをします（掘,2000）。

3 ### 人前で発話したりコミュニケーションしたりする経験を積む

- ことばの教室の授業や言語訓練で、「何でも発表」（興味・関心があることなどを自由に発表する）などの発話・コミュニケーション活動を行ないます。
- 在籍する学校の授業や行事で、効果的に発話・コミュニケーションができるように練習します。

10 吃音と他の問題を併せ持つ場合の指導

 私は、ことばの教室で吃音とカ行の発音の勉強をしている。今日は、がらがらうがいのまねからカの音を出す練習や、カ行から始まる言葉や文をゆっくりかめさんの話し方で話す練習をした。

 ぼくは吃音があり、ことばの教室に通っている。ことばの教室の先生は、吃音以外の悩みの相談もしてくれるので、困ったことは何でも相談している。忘れ物が多いことや、カッとなってすぐ友だちとけんかしちゃうことなど、ぼくには吃音以外の悩みもたくさんある。先生は、そんな悩みをいつもじっくり聞いてくれる。そして、連絡帳の持ち物欄にチェックをつけて忘れ物を防ぐ方法や、カッとなった時に頭の中で10数えて気持ちを落ち着かせる方法などを教えてくれる。

　吃音のある子どもの中には、吃音以外の発達や情緒の問題を併せ持つ子どもがいます。このような子どもの指導では、吃音への指導だけでなく、他の問題への指導も必要になります。

　これらの指導ではまず、アセスメントを行ない、吃音と他の問題双方の症状や重症度、毎日の生活における困難、本人や保護者のニーズなどを把握します。そして、それらに基づき、吃音の指導と他の問題の指導を組み合わせて行なう「同時法」、吃音の指導と他の問題の指導を並行して行なう「併用法」、吃音の指導もしくは他の問題の指導のみを行う「単独法」などから、それぞれの子どもに適した方法を選択します。

指導の方法

 吃音と他の問題双方のアセスメント

- 吃音の症状および他の問題の症状や重症度、毎日の生活における困難、本人や保護者のニーズなどを把握します。吃音のある子どもが併せ持つことが多い問題には、「構音障害」や「クラタリング（早口言語症）」、「注意欠陥多動性障害（ADHD）」、「発達性読み書き障害」、「自閉症スペクトラム障害（ASD）」、「場面緘黙症」、「知的障害」などがあります。

 同時法

- 吃音と構音障害を併せ持つ子どもに、吃音の改善に有効な話し方（ゆっくり、そっと、楽に話すなど）と構音障害の改善に有効な話し方（カ行音を正確に構音するなど）の双方を取り入れた発話指導をします。
- 吃音と発達性読み書き障害（学習障害のひとつで、全般的な知能や言語能力に問題がないにも関わらず読み書きが困難で、学業や日常生活に支障が生じる）を併せ持つ子どもに、吃音と発達性読み書き障害の双方に有効な方法（発話速度を落とす、斉読法を用いるなど）で音読指導をします。

 併用法

- 吃音と ADHD を併せ持つ子どもに、吃音の改善をねらった指導（スピーチセラピーや吃音の心理面の問題への対応など）と ADHD の改善をねらった指導（忘れ物をなくすためのチェックリストの活用や衝動的な行動への対応など）の双方をします。
- 吃音と ASD を併せ持つ子どもに、吃音の改善をねらった指導と、ASD の改善をねらった指導（感覚過敏への対応やソーシャルスキルトレーニングなど）の双方をします。

 単独法

- 吃音と場面緘黙症を併せ持つ子どもに、ことばの教室に慣れ、ある程度発話できるようになるまで、吃音の改善をねらった指導はせずに、場面緘黙の改善をねらった指導のみをします。
- 吃音と知的障害を併せ持つ子どもに、語彙の量や統語構造の理解などの言語運用能力がある程度向上するまで、吃音の改善をねらった指導はせずに、言語運用能力の向上をねらった指導のみをします。

11 「つどい・グループ活動」への参加

> セルフヘルプグループの「つどい」に参加した。つどいには、ぼくと同じようにどもる子どもや大人の人がいっぱい参加していた。ぼくは、自分以外のどもる人に会ったことがなかったので、「どもる人ってこんなにたくさんいるんだ」ってびっくりした。日直当番の号令が苦手って話したら、「ぼくも、そうだよ」って言ってくれる人がたくさんいた。悩んでいるのは自分だけでないとわかってほっとした。

> 私は、ことばの教室で月に1回開催される吃音のある子どものグループ指導に参加している。グループ指導ではそれぞれの近況を報告したり、吃音の悩みを話しあったりする。ここでは、どもることを隠さなくていいし、クラスの友だちにはできない吃音の愚痴や悩みを思う存分話すことができる。

> 吃音のある子どもの保護者の会主催の茶話会に参加した。茶話会には、大勢の保護者が参加していた。参加している人が、自分と同じような悩みを話しているのを聞き、悩んでいるのは自分だけじゃないと安心した。また、大学生や社会人のお子さんの保護者から、ずっと気になっていた高校受験の面接の体験談が聞けて参考になった。

　吃音のある学齢児は人口の1%程度と少ないことから、自分以外の吃音のある人に会ったことがないという子どもが少なくありません。つどいやグループ活動は「吃音があるのは自分だけでない」と実感する絶好の機会となります。

　つどいやグループ活動では、吃音のある者同士どもっても気兼ねなく話したり、吃音の愚痴や悩みを言い合ったりできます。年長の当事者が参加している場合は、委員会や部活、高校受験といった今後の学校生活や就労などについて聞いたり、相談したりできます。つどいやグループ活動では、保護者同士の懇談が設けられる場合があります。保護者にとっても、つどいやグループ活動で育児の悩みや将来への不安などをざっくばらんに話せたり、吃音のある子どもを育てた経験者からの実体験に基づいたアドバイスが得られたりする、貴重な機会です。これらの活動の中には、学級担任の先生が参加可能なものもあります。

 **指導の方法**

1 つどい

- 多くは吃音当事者の会や吃音のある子どもの保護者の会が主催し、言語聴覚士やことばの教室の先生がスタッフとして加わって運営されています。

 お楽しみ活動……初めて出会う緊張を解いたり、参加者同士の関係を深める目的で、ゲームやドッジボール、クッキング、工作などを行なう。

吃音の話し合い……年齢や吃音への気づきの程度などに応じて、自身の吃音の体験や悩みを話したり、他の人の話を聞いたりする。

当事者の体験発表……吃音のある子どもや成人、吃音のある子どもの保護者が、自身の体験を話す。

言語聴覚士やことばの教室の先生などの講演の開催。

2 グループ指導

- ことばの教室の指導の一環として、ことばの教室に通っている子どものグループ指導を行ないます。

 交流会……年に1～数回、同じことばの教室に通っている子どもが集まり、ゲームやクッキングなどのレクリエーションをしたり、吃音の体験を話し合ったりする。

チーム活動……1～数カ月に1回、同じことばの教室に通っている子ども数名でチームを作り、吃音の話し合いや吃音の勉強、スピーチセラピー、発話・コミュニケーションの指導、作戦会議などを一緒に行なう。

ゲストティーチャーを招いての勉強会……吃音当事者をゲストティーチャーに招き、体験談を発表したり、子どもの質問に答えたりしてもらったりする。

3 保護者の懇談

- つどいやグループ活動で保護者の話し合いの時間が設定されたり、吃音のある子どもの保護者の会主催の茶話会が開催されたりすることがあります。

吃音を理解するための映画・本・教材

○映画「英国王のスピーチ」（トム・フーパー監督、デヴィッド・サイドラー脚本、コリン・ファース主演、シー・ソウ・フィルムズ、ベッドラム・プロダクションズ制作、2010）

第2次世界大戦の際のイギリス国王で、吃音のあったジョージ6世の、オーストラリア出身の言語聴覚士ライオネルとの間に育まれた友情と、吃音がありながら戴冠式やナチスドイツとの開戦を伝えるラジオ演説に取り組む姿を描いた作品で、第83回アカデミー賞では、作品賞、監督賞、主演男優賞、脚本賞の4部門を受賞しました。脚本は、自らにも吃音のあるデヴィッド・サイドラー氏が担当しました。「自分には王の資格がない」と悩むジョージ6世が、戴冠式で使う玉座に座り挑発するライオネルに発した「I have a voice（私には、伝えるべきことがある）」という言葉には、吃音がありながら自らの運命を受け入れ乗り越えようとする強い決意と勇気が表れています。

○映画「志乃ちゃんは自分の名前が言えない」（押見修造原作、湯浅弘章監督、足立紳脚本、南沙良・蒔田彩珠主演、東北新社製作、2018）

自らに吃音がある押見修造氏による同名コミックを実写映画化した作品です。高校1年生の志乃は、人前で突然言葉が発しにくくなる問題を抱えており、クラスメイトに笑われ孤独な日々を過ごしていました。しかし、志乃のことを1人笑わなかった音楽好きだが音痴の加代と仲良くなり、2人でバンドを組み路上ライブを行ないます。この映画では、吃音と音痴という問題を持つ2人による、時にハラハラしたり痛々しかったりするけど、みずみずしく温かい友情と青春が描かれています。また、吃音のセルフヘルプグループである全国言友会連絡協議会が製作に協力していることもあり、非常にリアルに吃音が描写されています。とくに、冒頭の高校入学直後のクラスでの自己紹介の場面は、吃音のある子どもの不安や緊張、落胆が迫真の演技で表現されています。

○小説・コミック

● 『きよしこ』重松清、新潮文庫（2005）

● 『キラキラ　どもる子どものものがたり』堅田利明・伊藤由美／絵、海風社（2007）

● 『僕は上手にしゃべれない』椎野直弥、ポプラ社（2017）

○教師・保護者向け参考書

● 『子どもがどもっていると感じたら──吃音の正しい理解と家族支援のために』廣嶋忍・堀彰人／編、大月書店（2004）

● 「（吃音のある）子どもに向き合うために」中村勝則、NPO 法人全国ことばを育む会（2011）〔http://b.zkotoba.jp/ より購入可能〕

● 『特別支援教育における吃音・流暢性障害のある子どもの理解と支援』小林宏明・川合紀宗／編著、学苑社（2013）

● 『吃音のこと、わかってください　クラスがえ、進学、就職。どもるとき、どうしてきたか』北川敬一、岩崎書店（2013）

● 『吃音のリスクマネジメント──備えあれば憂いなし』菊池良和、学苑社（2014）

● 『吃音のことがよくわかる本』菊池良和／監修、講談社（2015）

● 『吃音・難聴・読み書き障害の子への ICF に基づく個別指導』小林宏明・小林葉子、学事出版（2015）

● 『心理・医療・教育の視点から学ぶ吃音臨床入門講座』早坂菊子・菊池良和・小林宏明、学苑社（2017）

● 『クラタリング［早口言語症］──特徴・診断・治療の最新知見』イヴォンヌ・ヴァンザーレン／イザベラ・K・レイチェル、森浩一・宮本昌子／訳、学苑社（2018）

● 『吃音の合理的配慮』菊池良和、学苑社（2019）

● 『吃音　伝えられないもどかしさ』近藤雄生、新潮社（2019）

● 『吃音の世界』菊池良和、光文社新書（2019）

○クラスの子ども向け啓発教材

● 『ふしぎだね！？　言語障害のおともだち（発達と障害を考える本）』牧野泰美／監修、阿部厚仁／編、ミネルヴァ書房（2007）

● 『わかって私のハンディキャップ4　吃音　言葉がすらすらでないんだ』スー・コトレル、廣嶋忍／監修、オノビン／絵、上田勢子／訳、大月書店（2016）

● 『るいちゃんのけっこんしき　どもってもつたえたいこと』きだにやすのり、木谷アンケン／絵、学苑社（2017）

● 『ちょっとふしぎ　吃音・チック・トゥレット症候群のおともだち（あの子の発達障害がわかる本4)』藤野博／監修、ミネルヴァ書房（2019）

○吃音のある子ども向け教材（吃音理解のために）

● 『どもってもいいんだよ』ことばの臨床教育研究会（2003）
　［全国言友会連絡協議会ホームページ https：//zengenren.jimdo.com より購入可能］

● 『中学生になるきみへ　吃音とのつきあい方』ことばの臨床教育研究会（2010）〔(1)(2)〕
　［全国言友会連絡協議会ホームページ https：//zengenren.jimdo.com より購入可能〕

● 『吃音のある学齢児のためのワークブック──態度と感情への支援』リサ・スコット／編、クリスティン・A・クメラ／ニーナ・リアドン、長澤泰子・中村勝則・坂田善政／訳、学苑社（2015）

第4章

巻末資料

個別の指導計画

201＊年5月19日作成／7月20日／12月3日／3月6日加筆　作成者　□□□□

5年2組1番		氏名　Aさん　　生年月日　200＊年6月1日　11歳	
実態把握	前年度までの様子	学級では、吃音は出るが授業の発表や当番、係活動などに積極的に参加。他児も温かく見守る。通級では、吃音の勉強を通して自身の吃音への理解が進む。吃音小グループ活動でリーダーとして活躍。	
	子どもと保護者の願い	(子ども)クラスや委員会で、吃音を笑われないか心配。 (保護者)吃音を気にせず、楽しく学校生活を過ごして欲しい。	
	現在の状況	前年度同様、積極的に授業や当番などに参加している。学級にAさんの吃音が気になっている児童がいる。美化委員会の副委員長に立候補し、選出される。	
支援のめあて		多少吃音が出ても、意欲的に授業や学級・全校活動に参加できる。 吃音の不安の軽減を図る。	
支援の方法	学習	発表などで多少吃音が出ても急かさずに最後まで話を聞く。	担任
	学級活動	Aさんや保護者と相談しながらクラスでの吃音の説明を検討。	担任
	学年・全校活動	委員会の司会や全校集会の発表の困難や配慮の希望を尋ねる。	委員会顧問
	通級指導	吃音の勉強、全校集会の委員会発表の模擬練習をする。	通級担当
	家庭との連携	保護者・担任・通級担当で連絡ノートを作る。	担任・通級担当
	専門機関等との連携	保護者の会主催の吃音のある子どものつどいを紹介する。	通級担当
1学期	学級	朝の会でAさん本人が吃音の説明をしたことで、クラスでの吃音への理解が深まった。	
	学年・全校	顧問から委員会のメンバーに吃音の説明をしたことで、司会への不安が軽減した。	
	通級指導	ゆっくり話すと吃音が出にくいことなどを学んだ。グループ活動で司会の経験をした。	
	連携	月2回程度の頻度で、連絡ノートのやりとりをした。	
2学期	学級	通級で学んだゆっくりで発表するように促すことで、楽に発表できるようになった。	
	学年・全校	全校集会の発表で、吃音を笑う下級生がいてショックを受けた。	
	通級指導	全校集会の発表のフォローと今後の対策についてAさんと話し合った。	
	連携	全学年の学級担任に、全校集会での発表を聞くマナーについての指導を依頼した。	
3学期	学級	特に支援がなくても授業や学級活動を不安なく意欲的に参加できる。	
	学年・全校	2回目の全校集会の発表は、多少吃音が出たが笑う児童はおらず、満足感と自信が得られたようだった。	
	通級指導	全校集会の発表の練習をした。吃音の調べ学習に取り組んだ。	
	連携	保護者の会主催のつどいに参加し、吃音のある中高生と交流した。	
成果と課題		全校集会の発表では、下級生に笑われショックを受けたが、全校への発表を聞くマナーへの指導や、通級指導でのフォローなどによりその後も意欲的な参加を継続でき、本人の自信にもつながった。6年生では、本年度の指導・支援を継続するとともに、中学校への円滑な引き継ぎを行う必要がある。	

個別の指導計画

年　　月　　日作成／　　月　　日／　　月　　日／　　月　　日加筆　作成者

		年　　組　　番　氏名		生年月日　　年　　月　　日　歳
実態把握	前年度までの様子			
	子どもと保護者の願い			
	現在の状況			
	支援のめあて			
支援の方法	学習			
	学級活動			
	学年・全校活動			
	通級指導			
	家庭との連携			
	専門機関等との連携			
1学期	学級			
	学年・全校			
	通級指導			
	連携			
2学期	学級			
	学年・全校			
	通級指導			
	連携			
3学期	学級			
	学年・全校			
	通級指導			
	連携			
成果と課題				

自分のきつ音について考えよう！

【本人向けアンケート①】

質問❶ きつ音は出ますか？　　　　**質問❷** きつ音でイヤな思いをしますか？

(　　　) よく出る　　　　　　　　(　　　) たくさんする

(　　　) 少し出る　　　　　　　　(　　　) 少しする

(　　　) どちらでもない　　　　　(　　　) どちらでもない

(　　　) あまり出ない　　　　　　(　　　) あまりしない

(　　　) ほとんど出ない　　　　　(　　　) ほとんどしない

質問❸ 次のことは、心配ですか？

当番　　　　　　　　（　心配　・　少し心配　・　心配でない　）

健康調べ　　　　　　（　心配　・　少し心配　・　心配でない　）

授業の発表　　　　　（　心配　・　少し心配　・　心配でない　）

友だちと話す　　　　（　心配　・　少し心配　・　心配でない　）

先生と話す　　　　　（　心配　・　少し心配　・　心配でない　）

質問❹ 他に心配なことがあったら書いてください。

質問❺ きつおんについて、相談したいことはありますか？

質問❻ ことばの教室で、どのようなことをしたいですか？

(　　　) 話し方の練習　　　　　　(　　　) きつ音の勉強

(　　　) 話し方の相談　　　　　　(　　　) 遊び

(　　　) 学校の発表などの練習　　(　　　) その他 (　　　　　　　　)

質問❼ きつ音が出やすいのはどんな時ですか？　また、出にくいのはどんな時ですか？

きつ音が出やすい時	きつ音が出にくい時
音	
言　葉	
場　面	

質問❽ きつ音が出ている時ののどや口、体はどうですか？　また、気持ちはどうですか？

のどや口、体	気持ち

質問❾ きつ音が出そうな時にしていることはありますか？

うまくできたこと、できなかったこと、心配なこと
【本人向けアンケート②】

学校生活や授業でうまくできたこと

学校生活や授業でできなかったこと

学校生活や授業で心配なこと

きつ音は悪いこと？　ダメなこと？

【本人向けワークシート①】

質問❶　きつ音は、悪いこと、ダメなことですか？　また、どうしてそう思いますか？

（　　　　）さんの考え	先生の考え
（　）悪いこと、いけないことだ （　）悪いこと、いけないことじゃない ■そう思う理由	（　）悪いこと、いけないことだ （　）悪いこと、いけないことじゃない ■そう思う理由

質問❷　きつ音の話し方をからかう子がいます。からかう子が悪いと思いますか？　それともきつ音で話す子が悪いと思いますか？

（　　　　）さんの考え	先生の考え
（　）からかう子が悪い （　）きつ音で話す子が悪い ■そう思う理由	（　）からかう子が悪い （　）きつ音で話す子が悪い ■そう思う理由

きつ音のふしぎ

【本人向けワークシート②】

Q きつ音の人はどのくらいいるの？

A 100人に1人ぐらいと言われています。

◆計算しよう！

あなたの小学校には？

（　　　）人 ×0.01=（　　　）人

日本には？

約1億2633万人 ×0.01=（　　　）人

あなたの市町村には？

（　　　）人 ×0.01=（　　　）人

世界には？

約70億人 ×0.01=（　　　）人

Q きつ音ってどんなこと？

A 「ことばが言いにくくて」、「こまる」ことです。

◆「ことばが言いにくい」

音のくりかえし　「こ、こ、これ」

音のひきのばし　「こーーこれ」

音のつまり　「……これ」

◆「こまる」

言いたいことが、すぐに出てこない

友だちにまねされたり、からかわれたりする

うまく話せなくてはずかしい

ちゃんと言えるか心配

授業の発表や当番の仕事ができない

自分に自信が持てない。自分はダメだと思う

Q 言いにくい、言いやすいことばや場面はあるの？

A 1人ひとりさまざまです。

◆あなたはどうかな？　言いにくいものに○、言いやすいものに×をつけよう！

（　）ア行　（　）カ行　（　）サ行　（　）タ行　（　）ナ行　（　）ハ行

（　）マ行　（　）ヤ行　（　）ラ行　（　）ワ行　（　）ガ行　（　）ザ行

（　）ダ行　（　）パ行　（　）バ行

（　）自分の名前　（　）あいさつの言葉（おはよう　など）

（　）たくさんの人の前で話す　（　）音読する

（　）決まったセリフを言う（授業のはじめとおわりの号令など）

（　）長い言葉で説明する（授業の発表で説明する、お家の人に学校であったこと
　　　を話すなど）

（　）友だちとおしゃべりする　（　）ひとりごとを言う　（　）歌を歌う、

（　）他の人と一緒に言う（一緒に教科書を音読する、劇のセリフを一緒に言うなど）

（　）緊張している時に話す　（　）体に力が入っている時に話す

Q どうしてなるの？

A よくわかっていません。ただし、次のことが原因でないことはわかって
います。

| × 性格の問題 | × 運動が苦手 |
| × 頭が悪い | × 親の育て方の問題　　など |

きつ音のふしぎ

【本人向けワークシート②】

Q いつからある？

A きつ音は、古代エジプト時代（約 4,000 年前）には、すでに知られていたようです。また、古代ギリシャ時代（約 2,300 年前）には、吃音をなおすために口の中に小石を入れて話す練習をしたデモストネスという弁論家がいたそうです（もちろん、現在では、口の中に小石を入れて話す練習はしません）。

Q 将来はどうなる？

A 1 人ひとりさまざまですが、だんだんと楽になる人が多いようです。また、吃音のある人は、アナウンサーや俳優、歌手、学校の先生、幼稚園・保育園・こども園の先生、セールスマン、政治家、消防士、警察官、研究者、新聞記者、会社の社長、医師、看護師、言語聴覚士、スポーツ選手など、さまざまな仕事についています。

吃音への理解と支援のために【学級担任の先生へ】

＊教科担当や委員会担当、部活顧問の先生などに、吃音の説明をする際にもご使用下さい。

吃音とは

吃音とは、ことばがども（吃）ることを言います。どもる話し方（言語症状）には、以下のものがあります。

> ●音のくり返し（連発）── そ、そ、そ、それ
>
> ●音の引き伸ばし（伸発）── そーーーれ
>
> ●音のつまり（難発）── …（つまって声が出ない）... それ

難発は、声が出ないので、言語症状だとわからないことがあります。そのため、周囲から、「話を聞いていなかったから、答えられない」、「答えがわからない」などと誤解されることがあります。

吃音のある子どもが、自身の言語症状に気づくのは、年長から小学校低学年の頃が多いようです。自身の言語症状に気づいた子どもは、以下にあげるような心理症状に悩むようになります。

> ●予期不安（以前どもった音や言葉がまたどもるのではないかと不安になる）
>
> ●苦手な音や言葉、場面を避ける（苦手な言葉を他の言葉に言い換える、答えがわかっていても「わかりません」と言う、友だちと遊ぶのを避けて１人で過ごすなど）
>
> ●自尊感情の低下（吃音でうまく話せなかったり、発話場面を避けたりする自身を責める）

吃音は、場面や状態により出現状況が変化します。吃音が出やすい場面や状態には以下のようなものがあります。

> ●慌てたり興奮したりしている
>
> ●過去に失敗したことがある
>
> ●決まった言葉を言う（固有名詞、挨拶、数字など）
>
> ●不安や緊張を感じる（大勢の前での発表、苦手な人との会話など）
>
> ●時間制限がある
>
> ●周りの人から「ちゃんとしゃべれ」、などと言われる

反対に、吃音が出にくい場面や状態には、以下のようなものがあります。

- ●他の人と一緒に言う
- ●他の言葉に言い換えることが可能
- ●歌を歌う
- ●周りが急かしたりしないで最後まで聞いてくれる。

なお、吃音のある子ども1人ひとりで、吃音が出やすい、出にくい場面や状態は異なります。そこで、具体的な出現状況は、子ども本人や担任の先生、保護者に確認する必要があります。

吃音についての情報

- ●原因はよくわかっていません。ただ、保護者の育て方の問題が吃音の原因であるという考えは否定されています。
- ●最近、有力視されている吃音の原因論では、吃音が出現する背景に、言語を理解する力と言語で表現する力のアンバランスな状態（言語を理解する力が高く、話したいことがたくさん思い浮かんでいるが、言語で表現する力が十分でないため、思い浮かんでいることをスムーズに言葉にして話せない）があると考えられています。
- ●吃音の悪化には、心理的な学習（どもることを叱責されたりからかわれたりする経験を重ねることで、話そうとすると以前どもった際に感じた恥ずかしさや不安、緊張がよみがえること）や、子どもの性格、言語・知的・運動能力などの要因、周囲の人の接し方などのさまざまな要因が複雑に関わっていると考えられています。
- ●吃音のある人は、学齢期以降では、人口の約1％程度いると考えられています。
- ●吃音の予後は、子どもによりさまざまで、成人になっても吃音が残る場合もあります。しかし、その場合でも、学級担任の先生などからその時その時に応じた適切な配慮を受けていたり、必要に応じてことばの教室や言語聴覚士の先生方から指導・支援を受けたりすることで、進学や就職といったライフイベントを乗り越えたり、毎日の生活を大きな支障なく過ごせるようになったりします。

基本的な接し方

- ●ゆっくりと話しかけたり、十分に間をとりながらゆったりと接したりします。
- ●大きな声で話す、はきはきと元気に話すなど、一般的に望ましいとされる話し方に価値を置きすぎないようにします。
- ●吃音で言葉が出てこない時は、言葉が出るまで待つようにします。「早く話せ」、「ちゃんと話せ」と注意したり、「どうして話さないんだ」と責めたりしないようにします。
- ●「ゆっくり」、「落ち着いて」、「もう一回言ってごらん」等の言葉かけは、子どもを緊張させ、かえって話しにくくさせるので控えます。
- ●「話し方」ではなく「話している内容」に耳を傾けます。

からかいへの対応

- ●吃音へのからかいを許さない断固たる態度を示します。
- ●からかう子どもへの対応は、吃音のある子ども本人の意向を尊重します。また、子ども本人や保護者、学級担任の先生と十分に相談をした上で慎重に取り扱います。

特別な配慮の検討

　吃音のある子どもの中には、吃音への特別な配慮をとくに必要としない子どももいます。しかし、子どもの不安や困難が強い場合は、子ども本人や保護者、学級担任の先生と相談しながら、以下にあげるような特別な配慮の実施を検討します。

- ●当番の号令のセリフや全校集会の発表の原稿などの変更を許容します。
- ●当番の号令や丸読みを2人で一緒に言う形式に変更します。
- ●委員会などであまり話さなくてもよい役割を設けるなど、多様な選択肢を設定します。
- ●全校集会の発表などの前に、個別の練習の場を設けます。
- ●全校集会の発表などで、原稿を見ながら話すことを許容します。
- ●全校集会の発表などで、マイクの使用を許容します。
- ●子ども本人の強い希望がある場合は、役割を変更したり、代替の役割を用意したりします。

　吃音のあるお子さんが、吃音のために周囲から誤解を受けたり、不安や困難を感じないですむよう、吃音へのご理解とご配慮をいただければと思います。よろしくお願いします。

吃音への理解と支援のために【保護者のみなさんへ】

吃音とは

吃音とは、言葉がども（吃）ることを言います。どもる話し方（言語症状）には、以下のものがあります。

- ●音のくり返し（連発）（「そ、そ、そ、それ」）
- ●音の引き伸ばし（伸発）（「そーーーれ」）
- ●音のつまり（難発）（「...（つまって声が出ない）... それ」）

吃音の言語症状は、いつも同じではなく、場面や状況により異なります。また、言語症状の良い時期と悪い時期を交互にくり返す「言語症状の波」のあることが知られています。

- ●家庭でリラックスしている時に、言語症状がたくさん出るお子さんが多いようです。これは、（1）家族の前では、吃音を気にしたり、不安や緊張したりせずに話せる、（2）家族の人に話したいことがたくさんあり、発話量が多くなったり、興奮して早口で話してしまったりするなどのためのようです。
- ●家庭と学校とで言語症状が異なる場合があります。家庭では言語症状が多いけど学校では少ない子どももいれば、家庭では言語症状が少ないけど学校では言語症状が多い子どももいます。
- ●特定の音や言葉が苦手な子どもがいます。とくに、「ア行」で始まる言葉や、言い換えのできない言葉（自分の名前や挨拶など）が苦手という子どもが多いようです。
- ●言語症状の波のパターンで多いのは、新学期（4、9、1月）に言語症状が多く、学期の進行とともに徐々に言語症状が少なくなるというものです。とくに、クラス替えがあり、日直当番や授業の進め方ががらっと変わる4月は言語症状が多くなりやすい時期です。夏休みなどは言語症状が軽快化する場合が多いですが、かえって言語症状が多くなる子どももいます。

吃音のある子どもが、自身の言語症状に気づくのは、年長から小学校低学年の頃が多いようです。自身の言語症状に気づいた子どもは、自身の吃音を気にしてさまざまな困難を訴えるようになります。

- 思い通りに話せないことに、焦ったり、イライラしたりする。
- 吃音の話し方を「変」「ダメ」「恥ずかしい」などと思う。
- 「うまくしゃべれないのではないか」「どもってしまうのではないか」と心配する。
- 言いにくい言葉を別の言葉に言い換える（「赤」の代わりに「レッド」と言うなど）。
- 発話する場面を避ける（答えがわかっていても、「わかりません」と言うなど）。
- 吃音でうまく話せない自分を否定的に捉える
- 友だちに指摘されたり、からかわれたりすることが、吃音を気にするきっかけとなる場合があります。
- 学校では、授業（音読、発表、グループ活動）、学級活動（日直当番、係活動、委員会、クラブ活動など）、友だちとの関わりなどに困難を感じる子どもが多いようです。
- スポーツの習い事で大きな声で挨拶をしたり、試合や練習中にかけ声をかけたりすることに困難を感じる子どももいます。

吃音についての情報

- 原因はよくわかっていません。ただ、保護者の育て方の問題が吃音の原因であるという考えは否定されています。
- 吃音のある人は、学齢期以降では、人口の約1%程度いると考えられています。
- 吃音の予後は、子どもによりさまざまで、成人になっても吃音が残る場合もあります。しかし、その場合でも、学級担任の先生などからその時その時に応じた適切な配慮を受けたり、必要に応じてことばの教室や言語聴覚士の先生方から指導・支援を受けたりすることで、進学や就職といったライフイベントを乗り越えたり、毎日の生活を大きな支障なく過ごせるようになったりします。
- 吃音の問題は、年齢を重なる中で徐々に軽快化する場合が多いようです。

吃音のお子さんへの対応

●ゆっくりと話しかけたり、十分に間をとりながらゆったりと接したりします。

●「ゆっくり」、「落ち着いて」、「もう一回言ってごらん」などの言葉かけは、子どもを緊張させ、かえって話しにくくさせるので控えます。

●「話し方」ではなく「話している内容」に耳を傾けます。

●普段から「吃音の調子はどうか」、「困っていることがないか」を尋ねるなど、子どもと気軽に吃音について話せる関係を作ります。

●子どもが吃音の悩みの相談してきた時は、子どもの味方となり、しっかりと話を聞きます。そして、必要に応じて、学校の先生や習い事の指導者などに吃音の情報を伝えたり、吃音への配慮や支援の相談をしたりします。

●必要に応じて、ことばの教室や言語聴覚士の先生に相談します。子どもの状態によっては、スピーチセラピーなどの指導が有効な場合があります。

●必要に応じて、吃音のある保護者の会などが行っている吃音のある子どものつどいなどに参加するとよいでしょう。つどいに参加することで、子どもだけでなく、保護者も他の吃音のある子どもの保護者とつながることができます。

きつ音への理解と支援のために【クラスのみなさんへ】

　私たちは、1人ひとりお話のしかたが違います。例えば、おしゃべりが大好きな人もいれば、おしゃべりは苦手という人もいます。早口で話す人もいれば、ゆっくり話す人もいます。大きい声ではきはきと話す人もいれば、小さい声でボソボソと話す人もいます。これらは、1人ひとりの個性であり、どの話し方が良い、悪いというものではありません。

　ところで、私たちの中には、お話する時に、音をくり返したり、伸ばしたり、つまったりしてうまく話せない人がいます。これらの人は、ふざけていたり、言うことを忘れてしまったりしているわけではありません。頭の中には、言いたいことがあるのですが、話そうとすると、のどや口がどうしてもうまく動かないのです。でも、うまくしゃべれないだけで、あとは、他の人と一緒です。

　このようになる人は、100人に1人ぐらいいると言われています。どうしてなるのかは、よくわかっていません。

みなさんにおねがいしたいこと

- がんばって話しているので、最後までお話を聞きましょう。「早く言って」などと急かしたり、「ちゃんと話して」などと責めたりしたら余計に話しにくくなってしまいます。
- からかってはいけません。がんばって話しているのをからかうのはとても失礼なことです。
- 話し方ではなく、お話の中身を聞きましょう。くり返したり、つまったりしていても、ちゃんと聞けば、何と言っているかわかるはずです。

【学級担任の先生へ】
＊吃音のことをクラスの子どもたちに説明する時に使用してください。なお、使用にあたっては、子どもや保護者と十分に相談してください。

音読カード

年　　組　名前

読み終えたら評価しよう　　◎とても良い　○良い　△もう少し

月日		ちょうど良い 大きさで	だいたい スラスラ	だいたい はきはき	さいごまで

当事者と保護者の会

◆ＮＰＯ法人全国言友会連絡協議会（全言連）

https://zengenren.jimdo.com/

　全国に 34 カ所（2019 年 8 月現在）ある言友会をつなぐ役割を果たす連絡機関です。全言連のホームページには、全国の言友会や全言連が行っている吃音のある小中高生のつどいの案内が掲載されています。

◆吃音のある子どもの保護者の会

　全国各地に多くの吃音のある子どもの保護者の会が設立されています。以下に、掲載を許可いただいた親の会の連絡先を掲載します（敬称略）。

- （静岡県）静岡県ことばと心を育む会（東部吃音ネットワーク）（kotoba_tobu@yahoo.co.jp）
- （石川県）石川県あすなろの会〜吃音のある子どもの保護者の会〜（info@i-gyk.sakura.ne.jp）
- （愛知県）きつおん親の会　（http://helloxhat.net/hi/kitsuonbook/）
- （三重県）三重県吃音の子どもの親の会（masapan01121@gmail.com）
- （奈良県）奈良きつおんの子どもを持つ保護者の会（kitsuon.nara@gmail.com）
- （大阪府）池田きつおん親の会（minna.wahaha@gmail.com）
- （広島県）広島市言語・難聴児育成会きつおん親子カフェ（oyakokafe@yahoo.co.jp）
- （熊本県）きつおん親子の会（y_kmap@yahoo.co.jp）

＊上記に記載した以外にも、さまざまな当事者の会や保護者の会があります。

◆「吃音ポータルサイト」のご案内

https://www.kitsuon-portal.jp

　吃音ポータルサイト（金沢大学人間社会研究域学校教育系 小林宏明研究室）では、吃音のあるお子さんや保護者の方、学級担任の先生方向けの吃音の情報が公開されています。

　学級担任の先生向けの情報では、「吃音のあるこどもたち―あなたはしっていますか—」という動画資料を公開しています。吃音とはどのようなものか、吃音のある子どもへの対応や支援についてコンパクトに解説されてます。

参考文献

第1章

- 『特別支援教育における吃音・流暢性障害のある子どもの理解と支援 (シリーズきこえとことばの発達と支援)』小林宏明・川合紀宗編著、学苑社（2013）
- 「3 歳児および 3 歳 6 か月児健診における吃音の有症率」酒井奈緒美・菊池良和・小林宏明・原由紀・宮本昌子・須藤大輔・森浩一、音声言語医学（59）、61 ページ（2018）
- 『標準言語聴覚障害学　発声発語障害学　第 2 版』熊倉勇美・今井智子編、医学書院（2015）
- 「Stuttering: An Integrated Approach to Its Nature and Treatment 」Guitar, B. 、Lippincott Williams & Wilkins.（2014）
- 『どもる体 (シリーズケアをひらく)』伊藤亜紗、医学書院（2018）
- 『伊沢修二 (人物叢書)』上沼八郎、吉川弘文館（1988）
- 「社交不安障害（social anxiety disorder: SAD）を合併した発達性吃音症の 1 例」
  菊池良和・梅崎俊郎・山口優実・佐藤伸宏・安達一雄・清原英之・小宗静男、音声言語医学（54），35-39 ページ）（2013）
- 『学校における場面緘黙への対応：合理的配慮から支援計画作成まで』髙木潤野、学苑社（2017）
- 『言語障害―事例による用語解説』松本治雄・後上鐵夫編著、ナカニシヤ出版（2000）

第2章

- 『構成的グループエンカウンターの理論と方法：半世紀にわたる探究の成果と継承』國分久子・國分康孝、図書文化（2018）
- 『エンカウンターで学級が変わる　ショートエクササイズ集』國分康孝監修、図書文化（1999）
- 『エンカウンターで学級が変わる　ショートエクササイズ集　Part2』國分康孝監修、図書文化（2001）

第3章

- 『吃音検査法第 2 版』小澤恵美・原由紀・鈴木夏枝・森山晴之・大橋由紀江・餅田亜希子・坂田善政・酒井奈緒美、学苑社（2017）
- 『WISC-IV 知能検査』日本版 WISC-IV 刊行委員会、日本文化科学社（2010）
- 『LCSA：学齢版言語・コミュニケーション発達スケール』大伴潔・林安紀子・橋本創一・池田一成・菅野敦、学苑社（2012）
- 『TS 式幼児・児童性格診断検査』髙木俊一郎・坂本龍生編、金子書房（1997）
- 『S-M 社会生活能力検査　第 3 版』上野一彦・名越斉子・旭出学園教育研究所、日本文化科学社（2016）
- 『特別支援教育における吃音・流暢性障害のある子どもの理解と支援 (シリーズきこえとことばの発達と支援)』小林宏明・川合紀宗編著、学苑社（2013）
- 『やわらかに生きる　論理療法と吃音に学ぶ』石隈利紀・伊藤伸二、金子書房（2005）
- 「ことばの教室における吃音指導」堀彰人、日本言語障害教育研究会第 33 回大会資料集、103-110 ページ（2000）

■著者紹介

小林宏明（こばやし・ひろあき）

金沢大学人間社会研究域学校教育系教授
1999年筑波大学大学院心身障害学研究科修了。博士（心身障害学）。1999年より筑波大学心身障害学系準研究員、2001年より同助手を経て、2002年より金沢大学教育学部助教授、現在に至る。専門分野は言語障害教育。主な研究テーマとして、吃音がある幼児から成人の評価および指導・支援法開発に取り組んでいる。幼少から吃音があり、高校から大学院時代の前半にかけては、うまく発話ができないことに悩む時期を過ごすが、その後吃音は徐々に軽快化する。現在でも、発話の流暢性の問題が見られたりうまく話せないことに悩んだりはするものの、日常生活にあまり支障がない状態となっている。2000年から吃音者のセルフヘルプグループである茨城言友会に所属する。その後、金沢大学に赴任した2002年からは石川言友会に所属し、活動に参加している。

主な著書
『学齢期吃音の指導・支援 改訂第2版：ICFに基づいたアセスメントプログラム』（学苑社、2014年）、『心理・医療・教育の視点から学ぶ吃音臨床入門講座』（共著、学苑社、2017年）、『基礎からわかる言語障害児教育』（共著、学苑社、2017年）等多数。

装　幀　　椎原由美子（シー・オーツーデザイン）
イラスト　あわい
組　版　　酒井広美（合同出版制作室）

イラストでわかる子どもの吃音サポートガイド
1人ひとりのニーズに対応する環境整備と合理的配慮

2019年9月10日　第1刷発行
2023年2月20日　第3刷発行

著　者　小林宏明
発行者　坂上美樹
発行所　合同出版株式会社
　　　　東京都小金井市関野町1-6-10
　　　　郵便番号　184-0001
　　　　電話　042（401）2930
　　　　振替　00180-9-65422
　　　　URL：http://www.godo-shuppan.co.jp/
印刷・製本　惠友印刷株式会社

イラストでわかる
子どもの場面緘黙（かんもく）サポートガイド

アセスメントと
早期対応のための
50の指針

金原洋治（下関市かねはら小児科院長）
高木潤野（長野大学社会福祉学部准教授）　【著】

場面緘黙は早期に対応することで、その後の子どもの心と言葉が大きく改善されます。しゃべれない子どもたちが放っておかれることがないように、個々の状態をよく理解してサポートしていきましょう。今日からできる実践が満載！　●2400円＋税

**サポートの全体を体系化した
初めてのガイドブック。**

大好評発売中！

＊別途消費税がかかります。